EN VENTE

CHEZ PERISSE FRÈRES, LIBRAIRES,

Lyon & Paris.

COURS DE LITTÉRATURE PROFANE ET SACRÉE; par F. Z.
Collombet, deuxième édition, entièrement refondue,
2 beaux vol. in-12.   7 fr.

Ce Cours de littérature est le fruit de toute une vie d'études littéraires, savantes et consciencieuses. De tous les ouvrages qu'a publiés M. Collombet, c'est celui auquel il attachait le plus de prix et qu'il a revu avec le plus grand soin. En le publiant de nouveau, l'auteur a voulu le rendre plus digne de l'accueil favorable que lui avait fait le public ; et, sans en changer le plan ni la destination, il l'a remanié de fond en comble.

Ces deux volumes contiennent à peu près la matière des quatre volumes in-8o de la première édition. Ils embrassent les *Humanités*. L'ensemble de l'ouvrage répond à la marche généralement suivie dans les maisons d'éducation. En ce sens, il est tout-à-fait classique, et par l'étendue des détails, il échappe à la sécheresse des livres purement élémentaires.

Le titre annonce que l'auteur s'occupe des écrivains sacrés, et ce n'est point une vaine promesse.

Nos livres saints, qui joignent à leur caractère auguste et inspiré les beautés littéraires les plus remarquables, prennent ici leur place légitime à côté des plus belles inspirations de la pensée humaine, et les Pères de l'Église y occupent celle qui leur est due. Saint Grégoire de Nazianze, par exemple, Synésius, évêque de Ptolémaïs, et Prudence, le chantre pieux des martyrs, sont mis à leur rang comme des poëtes lyriques. La vaste et intéressante correspondance des Chrysostôme, des Basile, des Jérôme, des Augustin, a semblé pour le moins aussi digne des regards de la jeunesse que les lettres de Cicéron, de Pline, de Libanius.

Cette attention donnée aux auteurs chrétiens fait suffisamment voir de quel esprit était animé l'auteur de ce *Cours de littérature*. Son livre ne présente rien qui ne puisse aller sous les yeux de tout le monde, et c'est vers un but constamment moral et religieux qu'il s'efforce de conduire le lecteur.

En traitant successivement des différentes branches de la littérature, l'auteur passe en revue les principaux écrivains dans chaque genre, les principales production des langues étrangères.

Quant aux préceptes mêmes, ils sont accompagnés d'exemples nombreux, qui justifient les observations critiques, en jetant une agréable variété dans l'ouvrage. Quand l'auteur cite des passages grecs ou latins, il les fait suivre, en général, d'une version française, littérale et fidèle à l'esprit du texte.

En s'attachant surtout aux anciens, l'auteur est loin de négliger les modernes et les contemporains, et, s'il loue avec effusion ce qu'il y a de bon dans leurs écrits, il flétrit aussi impitoyablement ce que la morale éternelle et la religion catholique y réprouvent. C'est par ce côté surtout que ce *Cours* se distingue de tant d'autres livres qui n'ont que de molles condescendances pour des ouvrages où il y a tant à blâmer !

Tel qu'il se présente maintenant, ce livre nous semble donc plus digne encore que la première édition d'aller aux mains des maîtres comme dans celle des élèves.

RHÉTORIQUE ÉLÉMENTAIRE et Eloquence, à l'usage des Séminaires et des Colléges ; par M. l'abbé Verniolles, professeur de rhétorique au petit séminaire de Servières (Corrèze) : 1 vol. in-12, cartonné.   2 20

NOUVELLE MÉTHODE raisonnée de lecture et d'orthographe ; par H.-A. Chef d Institution.
Première Partie. — Principes : 1 vol. in-8,   0 50
Deuxième Partie. — Lectures graduées (sous presse),

COSMOGRAPHIE

DES GENS DU MONDE.

Propriété.

—

Lyon. — Impr. d'Ant. Perisse.

COSMOGRAPHIE

DES

GENS DU MONDE

OUVRAGE SPÉCIALEMENT DESTINÉ AUX JEUNES PERSONNES

PAR M. ALPHONSE GACOGNE

Professeur d'Histoire et de Littérature,
Secrétaire-Général de la Société linéenne de Lyon,
Membre des Sociétés d'éducation et littérature de la même ville,
Correspondant de la Société de statistique de Marseille,
et de celle des naturalistes de Bâle.

PERISSE FRÈRES, IMPRIMEURS-LIBRAIRES

LYON
ancienne maison
RUE MERCIÈRE, 49,
ET RUE CENTRALE, 60.

PARIS
nouvelle maison
RUE SAINT-SULPICE, 38.
ANGLE DE LA PLACE.

1856

PRÉFACE.

Il existe déjà plusieurs Ouvrages élémentaires sur la Cosmographie, mais tous sont hérissés de démonstrations mathématiques, et par cela même rebutent la plupart des jeunes gens et les personnes peu familiarisées avec l'algèbre et les sciences exactes.

En publiant ce Livre, j'ai eu pour but de rendre attrayante et populaire l'étude de la Cosmographie; je me suis imposé l'obligation de n'avoir jamais recours à la Géométrie, afin que l'homme du monde, l'ouvrier studieux, la femme élégante même, pussent le lire et se mettre au courant de l'état actuel de la science, sans être arrêtés par des difficultés.

J'ai consulté les Ouvrages des écrivains les plus recommandables, tels que : Laplace, Biot, et Arago ; j'ai parcouru également les traités qui s'adressent plus spécialement à la jeunesse et dont l'instruction est plus élémentaire.

Je m'estimerai heureux si, parvenant à enlever l'aridité qui d'ordinaire s'attache à cette étude dans les maisons d'éducation, j'ai pu éveiller la curiosité par une lecture attrayante, et provoquer vers Dieu quelques élans de l'âme étonnée des merveilles de la création.

COSMOGRAPHIE

DES GENS DU MONDE.

Notions préliminaires.

La Cosmographie est la description du monde: elle comprend non-seulement la terre avec sa forme et ses mouvements variés, mais encore tous les astres qui peuplent l'immensité des cieux.

Cette étude offre le double attrait de l'utilité et de la curiosité. Quel homme n'est pas désireux de connaître la marche de la terre et des astres dans l'espace, la cause de la variation des saisons, des jours et des nuits, l'explication des phénomènes qui apparaissent de temps en temps dans notre univers, la distance des étoiles, enfin cette harmonie divine qui dirige les masses planétaires par les lois les plus simples et les plus naturelles.

Les notions élémentaires de cosmographie sont indispensables à notre époque, où l'instruction est répandue dans toutes les classes de la société. Ce sont elles qui font comprendre pourquoi le marin

1

et le voyageur se confient sans effroi à des mers inconnues ; elles instruisent le vulgaire à ne plus s'effrayer des comètes et des météores, qui causaient une terreur superstitieuse aux peuples de l'antiquité ; enfin, ces études donnent un intérêt plus réel à la lecture attrayante des voyages, et complètent nos connaissances géographiques.

Si l'on jette les yeux sur une sphère, on découvre une série de lignes qui se croisent du nord au sud et de gauche à droite. Ces lignes sont imaginaires, il est vrai, mais elles servent à préciser tous les points du monde et la position de chaque astre. On désigne par les mêmes termes les cercles de la sphère céleste et ceux du globe terrestre.

On appelle sphère ou globe un corps solide, terminé par une surface courbe, dont toutes les parties sont également distantes d'un point intérieur appelé centre. Toutes ces parties sont fixées à l'aide des quatre points cardinaux appelés le nord, le sud, l'est et l'ouest.

Quand on se tourne vers le nord, en face de l'étoile polaire, on a le midi ou sud derrière soi, l'est à droite et l'ouest à gauche.

Le globe terrestre représente la surface de la terre.

Le globe céleste indique les différentes constellations du ciel et leurs distances respectives.

On distingue dans la sphère de grands et de petits cercles. Les principaux sont l'équateur et le méridien.

Tout cercle, soit grand, soit petit, se divise en 360 parties égales, appelées degrés (°), chaque degré en 60 minutes ('), et la minute en 60 secondes ('').

L'équateur est un grand cercle qui coupe la sphère par le milieu, à égale distance des deux pôles.

Le point le plus au nord de la sphère, et celui qui lui est exactement opposé au sud, prennent le nom de pôles.

Le méridien est un grand cercle qui tombe perpendiculairement sur l'équateur en allant d'un pôle à l'autre.

L'explication des différents cercles aura sa place naturelle au chapitre qui traite spécialement du globe terrestre.

L'horizon est la limite qui borne notre vue dans un paysage, alors il est dit visuel. Mais il en existe un autre appelé horizon rationel ou astronomique. Dans ce dernier, on suppose le ciel divisé en deux parties égales, l'une visible, l'autre invisible pour un observateur. L'horizon est différent pour tous les lieux du monde, il change à chaque pas que nous faisons.

Une ligne droite est le plus court chemin d'un point à un autre :

La ligne courbe est celle dont tous les points changent leur direction : ⌒

Deux lignes sont dites parallèles, toutes les fois qu'on peut les prolonger indéfiniment sans qu'elles se rencontrent :

Un angle est formé par deux lignes qui se réunissent en un point appelé le sommet de l'angle :

On entend par diamètre, une ligne droite A B, qui passant par le centre d'un cercle, aboutit aux deux points opposés de la circonférence de ce cercle. Le diamètre est toujours à peu près le tiers de la circonférence.

On appelle axe, une ligne imaginaire C D, passant par le centre de la sphère, et aboutissant aux deux pôles. C'est l'essieu, la ligne autour de laquelle le globe est censé tourner sur lui-même.

CHAPITRE PREMIER.

Aspect du Ciel.

Si, par une belle nuit, un observateur porte les regards sur la voûte des cieux, il remarquera que toutes les étoiles paraissent se lever à l'orient, qu'elles montent graduellement en décrivant des arcs de cercle plus ou moins étendus, suivant qu'elles sont plus ou moins éloignées du nord, et enfin, qu'elles disparaissent au-dessous de l'horizon, du côté de l'occident. Le point culminant de leur ascension, et leur déclinaison se déterminent en prenant leur passage et leur hauteur sur un méridien adopté, au moyen de certains arcs. Environ à un degré et demi du pôle nord, se trouve une étoile de seconde grandeur qui paraît immobile, parce que le cercle qu'elle décrit est presque imperceptible, c'est la Polaire : elle sert à fixer le pôle nord céleste. Les étoiles qui en sont rapprochées parcourent de petits cercles, tandis que celles qui sont à l'autre extrémité de l'horizon en mesurent de grands. Mais leurs distance respectives restent toujours les mêmes ; toutes décrivent des arcs égaux dans un temps

égal ; toutes accomplissent leur révolution apparente en vingt-quatre heures.

La sphère céleste fut comparée avec exactitude à
un globe parsemé de clous d'or, lequel tournant
sur son axe ou pivot, entraîne dans son mouvement tous ces points brillants que nous appelons
étoiles.

Au delà de nos regards, et loin de notre horizon, il existe d'innombrables étoiles. On en
compte environ 20 millions avec le télescope,
et 75,000 au moins sont déterminées pour les astronomes. Un voyageur qui s'avancerait constamment vers le sud, perdrait de vue peu-à-peu les
astres placés dans notre hémisphère, et en décou-
vrirait d'autres qui rentrent dans l'hémisphère
austral.

Pour le vulgaire, les étoiles sont uniquement
destinées à éclairer et à embellir l'obscurité des
nuits ; pour les astronomes ce sont autant de soleils placés à un prodigieux éloignement. — On les
appelle *fixes* pour les distinguer des planètes et
des comètes, dont la position change et varie chaque jour.

Jusqu'ici toutes les tentatives faites pour mesurer la distance des étoiles à la terre n'ont donné
aucun résultat. On n'aperçoit que leur clarté et
nullement leurs corps. Cela prouve que cette distance est immense, et que ces astres sont lumineux

par eux-mêmes. Car à un si grand éloignement, la lumière du soleil qu'ils réfléchiraient à nos yeux serait absolument nulle. Sirius, une des plus brillantes étoiles, doit avoir un éclat quatorze fois plus vif que celui de l'astre qui nous éclaire ; sa lumière met au moins trois ans à nous parvenir.

Tout le monde sait que les angles augmentent en grandeur à mesure que la distance d'un objet diminue. Qu'un observateur à l'entrée d'une vaste plaine, aperçoive dans le lointain en face de lui deux villages, l'un à sa droite, l'autre à sa gauche, les clochers formeront un angle avec sa vue ; mais l'écartement de cet angle ira toujours en grandissant à mesure que l'homme s'avancera vers les villages.

La géométrie, en mesurant les angles que forme un objet avec une base connue, fournit des données pour évaluer avec certitude la distance de ce même objet.

« C'est ainsi qu'un corps qui soustend un an» gle de 1° est à une distance égale environ à 57 » fois ses dimensions ; si l'angle est de 1', il est à » 3,420 fois ses dimensions, et à 205,200 fois si » l'angle soustendu est de 1''. Le degré vaut 60', » et la ' 60'' (1). »

Cela connu, on a pris pour base d'observation

(1) Leçons d'Astronomie professées par M. Arago. 1 vol.

afin de mesurer la distance d'une étoile, le diamètre entier de la terre 3,000 lieues. Les rayons vi-
suels partant de l'astre ne formaient pas un angle
appréciable. Alors on eut recours au grand diamètre de l'orbite de la terre autour du soleil, environ
75 millions de lieues. Pour effectuer l'opération,
on observa l'étoile à 6 mois d'intervalle, c'est-à-
dire à l'époque où la terre est le plus près de l'astre, et lorsqu'elle s'en trouve le plus loin. Il est
clair que dans le premier cas l'étoile devrait paraître plus élevée, et offrir un angle plus grand que
dans le second. Cependant malgré les observations
les plus délicates, l'écartement des angles parut
être toujours le même. Si le calcul eût seulement
donné 1'' d'écartement, l'éloignement de cette
étoile eut été la moitié de l'orbite de la terre 37,
500,000 lieues multipliés par 205,200; soit 7,695,
000,000,000. Mais ce chiffre est inférieur à la réalité. Quelle immensité! Quelle étendue dans la création ! L'homme peut-il encore prétendre que la
terre qu'il habite est tout l'univers.

La lumière du soleil parcourt 34 millions de
lieues en huit minutes ; elle serait trente ans à nous
parvenir d'une étoile qui formerait un angle de $\frac{1}{10}$
de seconde ; un boulet de canon franchissant 7
lieues à la minute, mettrait 8,000 ans.

CHAPITRE II.

Constellations.

La connaissance la plus élémentaire en astronomie consiste à savoir distinguer les étoiles des planètes.

Les étoiles sont de véritables soleils dont l'éclat disparaît à nos yeux à cause de leur prodigieuse distance. Elles sont immobiles, ou tout au moins nous paraissent telles ; elles brillent de leur propre lumière, et sont douées du phénomène de la scintillation.

Les planètes au contraire brillent d'une lumière empruntée au soleil, absolument comme une vitre ou une plaque de métal jette un vif éclat lorsqu'elle est frappée par un rayon de soleil renvoyé dans la direction de nos regards. Ce sont des corps opaques, ayant une constitution analogue à celle de la terre et tournant autour du soleil. Quelques planètes sont fort brillantes ; à l'aide du télescope, on en distingue parfaitement les formes et les surfaces, tandis qu'on n'a jamais pu apercevoir que la seule clarté des étoiles.

Le nombre immense de ces derniers astres les

a fait grouper en 108 constellations tant septentrionales que méridionales. Les plus remarquables de notre hémisphère sont : la grande et la petite Ourse, les Gémeaux, Hercule, la Lyre, Persée, etc. Chaque constellation renferme un nombre d'étoiles plus ou moins considérable ; ainsi le Taureau en contient 207, le Bélier 42, la Balance 66, les poissons 116, la grande Ourse 87, le Triangle 15, la petite Ourse 22, etc.

On appelle zodiaque une bande imaginaire dans le ciel, partagée en douze parties correspondantes aux mois, et dont chacune prend le nom d'une étoile. Cette bande représente la marche annuelle de la terre, circulant dans l'espace autour du soleil. Les signes du zodiaque, sont :

POUR LE PRINTEMPS :		POUR L'AUTOMNE :	
Le Bélier comprenant 42 étoiles		La Balance comprenant 66 étoiles.	
Le Taureau.	— 27	Le Scorpion.	— 60
Les Gémeaux.	— 83	Le Sagittaire.	— 94

POUR L'ÉTÉ :		POUR L'HIVER :	
L'Écrevisse.	— 85	Le Capricorne.	— 64
Le Lion.	— 93	Le Verseau.	— 117
La Vierge.	— 117	Les Poissons.	— 116

Quand la terre est en face d'une de ces constellations ou signes, on dit qu'elle entre ou qu'elle est dans ce signe.

Les étoiles se distinguent d'après leur éclat : les plus brillantes sont celles de première grandeur, les yeux peuvent apercevoir celles de la sixième ; mais l'astronome armé d'un puissant télescope, peut en compter de seize sortes. Il n'y en a guères que quinze de première grandeur, visibles en France.

Pour classer les différents astres d'une constellation, on se sert des lettres de l'alphabet grec, puis de l'alphabet romain, enfin des chiffres arabes, si leur nombre est plus considérable encore. Ainsi l'on dit l'*alpha* de la grande Ourse, le *gamma*, etc.

La meilleure manière d'étudier les constellations, c'est d'abord de reconnaître l'étoile polaire, la grande et la petite Ourse : ensuite à l'aide d'un planisphère, sur lequel sont annotées les diverses étoiles, on cherche leur place respective, en tirant des lignes approximatives des unes aux autres. Dans l'antiquité la plus reculée, les noms des constellations ont été donnés suivant l'influence qu'on leur attribuait, soit sur les saisons, soit sur les événements ; tantôt en l'honneur de personnages mythologiques, tantôt encore d'après le caprice de l'imagination. Ces noms ont été conservés par les astronomes modernes.

On appelle jour sidéral la durée de la révolution d'une étoile, c'est-à-dire le temps qui s'écoule depuis l'apparition d'une étoile à une place donnée au ciel, jusqu'à son retour au même point. Cette révolution s'accomplit en 24 heures. Ainsi, toutes les étoiles parcourent par heure, quinze degrés de la sphère, puisqu'il y a 360°.

C'est une erreur de croire que les astres sont visibles en plein midi au fond d'un puits. On ne peut les voir pendant le jour qu'avec de fortes lunettes, ou sur le sommet des plus hautes montagnes. Ce qui les empêche d'être visibles, c'est l'éclat du soleil qui éclipse toute lumière plus faible que la sienne.

En étudiant les récits des astronomes anciens et des modernes, et les comparant avec les données de l'histoire, on ne peut s'empêcher d'admettre qu'à certaines époques, il surgit de nouveaux astres. Quelques étoiles changèrent d'éclat, d'autres disparurent tout à coup; d'autres, enfin ne donnant d'abord qu'une faible clarté, grandirent en éclat pour disparaître à leur tour. Les observations de cette nature subsistent encore, elles se rapportent à 42 étoiles. Une des plus remarquables, est l'étoile o dans la constellation de la Baleine, sa période est de 334 jours. Elle apparaît avec éclat pendant 15 jours, et décroît insensiblement pendant trois mois pour rester invisible à nos regards cinq autres mois, après lesquels elle reparaît et croît pendant 90 jours.

On appelle nébuleuses des amas de matière blanche, diffuse, répandue sur la surface du fir-

mament. Certains astronomes prétendent que ce
sont des étoiles à l'état de formation ; d'autres,
qu'elles sont à une distance si prodigieuse qu'elles
ne peuvent nous envoyer qu'une clarté douteuse.

La grande ceinture blanche qu'on remarque dans
une notable étendue du ciel, et qu'on appelle vul-
gairement la voie lactée, n'est qu'une multitude de
nébuleuses très-rapprochées les unes des autres.
Herschell, aidé de son puissant télescope, prétend
dans un quart d'heure en avoir compté 116,000.
Si nous jugeons la distance de ces astres invisibles
relativement à ceux de première grandeur, quel
devra être leur prodigieux éloignement, et de combien de milliards d'étoiles le ciel sera parsemé !

Ces considérations portent à croire que notre soleil n'est probablement qu'une étoile fixe, et qu'à
son tour, chaque étoile dispense la chaleur et la
lumière à des mondes planétaires gravitant autour
d'elle. Ainsi l'œuvre de Dieu s'agrandit par la
science, notre globe n'est plus qu'un grain de sable
dans l'immensité de la création.

Certaines étoiles ont un mouvement progressif,
quoique très-lent ; notre soleil lui-même tend à se
diriger vers la constellation d'Hercule, entraînant
avec lui toutes ses planètes.

Nous avons dit que les étoiles ont un changement d'intensité qui est souvent accompagné d'une

2

variation de couleur, c'est ce qu'on appelle scintillation.

La lumière est déviée de sa route toutes les fois
qu'elle passe d'un milieu dans un autre de densité
différente : cela s'appelle réfraction. L'atmosphère
qui nous entoure est soumise à une agitation continuelle par la condensation ou la dilatation des
couches d'air. Les sept rayons primitifs de la lumière, d'une force de réfraction inégale, en traversant ces couches, produisent à chaque instant
sur notre œil une image de l'étoile vacillante dans
sa couleur. « Ces phénomènes, dit M. Biot, sont
presque toujours sensibles dans le pays que nous
habitons, parce que l'air y est rarement serein ; ils
le sont moins dans les contrées où l'air est plus
pur. Le fait est encore plus apparent aux approches
de la pluie, lorsqu'elle succède à une sécheresse
prolongée ; il devient alors un signal pour les ma-
telots. »

Par la même raison, nous ne voyons pas les
astres dans leur vraie position, puisque les rayons
lumineux qui frappent notre rétine éprouvent une
déviation en pénétrant à travers les couches de l'atmosphère.

Si les planètes scintillent peu, c'est que nous
voyons leur surface même qui offre une certaine
étendue, et qu'elles sont peu éloignées de notre
globe relativement à la distance des étoiles.

L'aspect du ciel varie avec l'observateur : s'il pouvait se placer au pôle même, il apercevrait l'étoile polaire au dessus de sa tête, et son horizon embrasserait jusqu'à l'équateur céleste. S'il est à l'équateur, il voit l'étoile polaire à l'extrémité du ciel, et s'il s'avance vers elle de 10, 20, 30 degrés, elle paraît s'élever d'autant.

CHAPITRE III.

Du Soleil.

Le soleil est un corps sphérique, placé en moyenne à 34 millions de lieues de nous. Sa masse est un million trois cent mille fois plus grosse que la planète que nous habitons. Si le soleil était transporté à la place qu'occupe la terre, non-seulement il couvrirait la lune, mais il irait encore quatre fois au delà. Un wagon qui ferait 50 kilomètres par heure, mettrait 350 ans à l'atteindre.

Il tourne sur lui-même en 27 jours; les taches que Galilée observa le premier sur son disque en donnent la preuve. Les unes sont obscures, les autres lumineuses et de forme irrégulière, il y en a qui paraissent plus considérables que la terre entière.

Ceux qui supposent le soleil un foyer embrasé
prétendent que ces taches sont autant de scories
ou substances terreuses qui nagent à sa surface.
Mais cette opinion que le soleil est un corps incan-
descent perd chaque jour de sa faveur. En effet,
il devrait s'épuiser à la longue, et l'hypothèse de
l'alimentation qu'il reçoit de certaines planètes,
n'est plus soutenable aujourd'hui. Les livres des
Hébreux qui traitent de la maturité des fruits et de
la culture de différents végétaux, témoignent que
cet astre n'a changé ni de volume, ni de chaleur
depuis les temps historiques.

Il résulte des observations délicates de M. Arago,
que la matière incandescente du soleil ne peut être
ni solide ni liquide, mais gazeuse, parce qu'elle
ne jouit pas des propriétés de la polarisation. On
appelle ainsi certaines affections que l'on fait subir aux rayons lumineux réfléchis par des surfaces polies. L'opinion qui acquiert beaucoup de
probabilité depuis les récentes découvertes sur l'é-
lectricité, est celle qui représente le soleil comme
un corps solide, opaque, mais enveloppé d'une
atmosphère lumineuse électrique qui produit la lumière et la chaleur, sans combustion ni diminu-
tion de volume.

Pour que cet astre soit le centre d'attraction de
tout notre système planétaire, il faut qu'il soit le
plus volumineux et le plus puissant par sa masse.

Or, un corps de feu et de flamme remplirait mal ce but, aurait peu de poids, et s'userait vite.

La lumière du soleil parcourt 70,000 lieues par seconde, elle nous arrive en huit minutes et demie. C'est l'astronome danois Rœmer qui découvrit cette rapidité de projection, en observant les éclipses des lunes de Jupiter.

Le mouvement apparent du soleil qui semble se lever en orient pour se coucher en occident, est produit par la terre qui tourne sur elle même en 24 heures, d'occident en orient. C'est une illusion d'optique, semblable à celle d'une personne dans une barque, qui voit fuir loin d'elle les objets du rivage.

Si l'on observe le soleil et une étoile sur le même méridien, à une heure fixe, on verra que le lendemain le soleil arrivera au même point 4 minutes après l'étoile ; chaque jour celle-ci le dépassera d'autant. Ainsi dans l'espace d'une année, l'étoile aura eu sur le soleil une avance de 24 heures 20', mais alors au bout de 366 jours environ, l'étoile et le soleil se retrouveront à la même heure au même point du ciel. Telle est la cause de l'apect différent que nous présente la sphère céleste aux diverses saisons de l'année.

Un phénomène particulier au coucher du soleil, c'est la lumière zodiacale, sorte d'auréole lumineuse qui apparaît à l'horizon même qu'il vient de quitter. Cette lumière est blanchâtre comme la voie lactée. Elle s'observe en tout temps, mais plus sensiblement dans les mois de février et de mars. La matière qui la forme est très-rare, car on aperçoit au travers les plus petites étoiles (1).

Il n'est pas surprenant que l'antiquité païenne ait rendu un culte spécial au soleil comme au dieu de la nature. Les Egyptiens, les Perses, les Assyriens, les Grecs et les Romains l'adorèrent sous les noms de Baal, d'Osiris, de Phébus, etc. Sous le feu de ses rayons, les fleurs reçoivent les teintes délicates de leurs corolles, et les fruits leurs nuances variées; sans lui, la plante s'étiole, se flétrit et meurt. Il est aussi indispensable à la vie que l'air que nous respirons.

Le soleil, échauffant la surface des rivières, des lacs et des mers, transforme en vapeur une quantité innombrable de particules humides. Celles-ci, s'élevant dans l'atmosphère par leur légèreté spécifique, forment les nuages, qui, promenés au dessus des terres sur l'aile des vents, se changent en pluie bienfaisante et rafraîchissent nos campagnes altérées.

Tantôt de vastes amas de nuages convertis en pluies abondantes, s'infiltrent peu à peu dans les terrains et en sortent sous la forme de sources et

(1) Biot, astronomie physique.

de ruisseaux ; tantôt, entassant un éternel manteau de neiges et de glaces sur les rochers inacces-
sibles des Alpes, ils fournissent les réservoirs inta-
rissables des rivières et des fleuves. Ainsi le soleil
tour à tour nous procure et les chaleurs fécondes
qui développent la végétation , et les pluies qui en-
tretiennent une humidité convenable pour les biens
de la campagne.

CHAPITRE IV.

Des Planètes.

En observant les astres, on reconnut, dès l'antiquité la plus reculée, que plusieurs d'entr'eux de-
meurent fixes , et que d'autres changent de place.
Ce déplacement a pour cause leur mouvement propre et celui de la terre que nous habitons.

Les planètes sont des astres qui tournent autour
du soleil et sur eux-mêmes, comme une boule
jetée par le joueur roule sur elle-même , en se
dirigeant vers le but. Ce sont des corps opaques, c'est-à-dire formés de substances solides ;
ils n'ont aucune lumière qui leur soit propre ,
mais ils réfléchissent celle du soleil. Cet astre
puissant les retient par sa force d'attraction , et

les oblige à décrire autour de lui des orbites circulaires.

Quand on considère l'ensemble du système planétaire, on est frappé de son harmonie et de sa simplicité. Tout se fait par les lois les plus naturelles et les moins compliquées. Le soleil, centre unique de gravité, attire toutes les planètes qui circulent alentour en tournant sur leur axe. Ce mouvement régulier nous procure la variété des saisons, les jours et les nuits.

A leur tour, les planètes en attirent aussi d'autres plus petites, nommées lunes ou planètes secondaires qui tournent autour de la principale.

Les anciens avaient reconnu sept planètes : La Lune, Mercure, Vénus, le Soleil, Mars, Jupiter et Saturne. Ces astres donnèrent leurs noms aux jours de la semaine, et amenèrent le culte que certains peuples ont voué au nombre sept.

On compte actuellement huit grandes planètes et vingt-six petites. Les grandes, en suivant l'ordre de leur distances au Soleil, sont : Mercure, Vénus, la Terre, Mars, Jupiter, Saturne, Herschell et Neptune. Les plus connues, parmi les petites, sont Cérès, Junon, Pallas, Vesta, Flore, Iris, Hébé, Astrée. Ces vingt-six petits astres furent découverts de 1801 à 1855.

La distance respective des planètes offre un

rapprochement tout à fait extraordinaire. Si l'on ajoute 4 à chacun des nombres suivants :

0, 3, 6, 12 24, 48, 96, 192,

Ce qui donnera 4, 7, 10, 16, 28, 52, 100, 196,

On obtiendra la distance relative de chaque grande planète au soleil. Le premier nombre donnant l'éloignement de Mercure, le second celui de Vénus etc. Ce rapport avait déjà été remarqué par l'astronome Képler, et lui avait fait soupçonner une lacune qui fut comblée par la découverte des quatre petites planètes, Pallas, Junon, Cérès et Vesta, correspondant au nombre 28.

On appelle rotation le mouvement d'une planète tournant sur elle-même, et orbite ou révolution le parcours qu'elle accomplit autour du soleil.

Mercure est la planète la plus rapprochée du soleil; on le voit à l'occident après le coucher de ce dernier sous la forme d'un petit disque brillant. On le retrouve également de grand matin, à l'orient. Ses dimensions sont à peu près les $\frac{2}{5}$ de la terre; il n'est pas longtemps visible à cause du voisinage du soleil, dont il est distant de 13 millions de lieues. Mercure tourne sur son axe en 24 heures, et accomplit sa révolution en 88 jours, avec une vitesse de 40,000 lieues à l'heure. Les astronomes ont reconnu des montagnes élevées dans cette planette qui, comme notre globe, est environnée

d'une atmosphère gazeuse. Les savants profitent
du passage de Mercure pour faire des expériences
importantes, mais ces passages sont fort rares.
On entend par le passage d'une planète son in-
terposition entre le soleil et la terre. L'éloignement ne permet pas à l'ombre de Mercure d'arriver jusqu'à nous et de nous donner une éclipse ;
alors il ressemble à un point noir qui paraît sur
le disque de l'astre du jour. Il n'y a que Mercure
et Vénus qui puissent nous rendre sensible leur
passage sur le soleil, puisque ce sont les deux
seules planètes placées entre lui et la terre.

Si la chaleur et la lumière s'accroissent en proportion de la proximité du soleil, Mercure aurait
au moins la température de l'eau bouillante, tandis
que Saturne et Uranus seraient constamment dans
les glaces. Aussi l'hypothèse de la lumière électrique solaire se confirme pour la température des
planètes.

Il est à croire que celles-ci ne furent pas créées
pour offrir à nos yeux un faible point lumineux
comme perdu dans l'espace ; composées des mêmes
éléments que notre globe, elles sont probablement
aussi habitées. Quant à la conformation physique
des habitants qui les peuplent, personne n'éclair-
cira ce mystère. Dieu peut modifier ses créatures à
l'infini : nous avons sur notre terre des poissons et
des mammifères qui ne se plaisent qu'au milieu des

glaces du pôle, et d'autres qui ne vivent que sous les feux dévorants de la zône torride.

Vénus est la planète la plus éclatante pour nous. Elle reçoit le nom d'étoile du matin, d'étoile du soir ou d'étoile du berger, suivant qu'elle précède le lever du soleil ou qu'elle apparaît après son coucher. Sa lumière est blanche, et quelquefois si vive, qu'elle devient visible en plein jour à l'œil nu.

Ses taches ont fait reconnaître qu'elle accomplit sa rotation sur elle-même en 24 heures. Son atmosphère est 3 ou 4 fois plus dense que celle de la terre ; ce fait est vérifié par la réfraction que Vénus fait éprouver à la lumière des étoiles.

Elle est éloignée du soleil de 25 millions de lieues, et accomplit sa révolution en 225 jours en parcourant 30,000 lieues par heure.

En l'observant plusieurs jours de suite, on s'aperçoit qu'elle ne reste pas constamment à la même distance du soleil, elle s'en écarte jusqu'à 1|4 de l'hémisphère céleste, après quoi elle revient vers cet astre.

A l'aide du télescope on découvre que Vénus a des phases comme notre lune. Tantôt elle se présente sous la forme d'un croissant, tantôt sous celle d'un demi cercle ; d'autres fois son disque est tout-à-fait plein. Ces phases ont permis d'y déterminer des montagnes quatre fois plus élevées que les nôtres.

Lorsque Vénus paraît pleine, elle est au-delà
du soleil par rapport à la terre ; aussi son diamètre apparent est alors fort petit, il équivaut à 30".
Au contraire lorsque nous voyons sa partie obscure
et que ses phases diminuent, son diamètre augmente jusqu'à 180" ; elle est le plus rapprochée de
nous.

L'orbite de Vénus n'embrasse pas notre terre.
car si cela était, cette planète viendrait en opposition avec le soleil, et la terre se trouverait entre
cet astre et Vénus, ce qui n'arrive jamais. Son diamètre est un peu moindre que celui de notre globe ;
elle n'a pas de lune non plus que Mercure. Ces
deux planètes s'appellent *inférieures*, parce qu'elles
sont plus près du Soleil que notre terre.

La Terre se présente en suivant l'ordre des distances, mais nous y consacrerons un chapitre à
part.

Mars brille comme une belle étoile. Il est 7 fois
plus petit que notre planète et offre beaucoup d'irrégularités dans sa marche apparente. Tantôt il s'a-
vance avec rapidité, puis son mouvement se ralen-
tit ; tantôt il s'approche de notre terre, et tantôt
il s'en éloigne cinq fois davantage, de sorte que sa
plus grande appréciation avec nos instruments est
de 90" et sa plus petite 18". Ces différences dans
sa marche nous apprennent que la terre n'est pas
le centre des mouvements de Mars, mais qu'il se

meut autour du soleil comme Vénus. Ses irrégularités s'expliquent dans ce sens avec la plus grande
facilité, et déjà laissent pressentir que la terre,
loin d'être le centre d'attraction pour l'univers,
tourne également autour du soleil.

La distance moyenne de Mars à cet astre est de 52
millions de lieues. Les taches, observées sur son disque, prouvent qu'il accomplit sa rotation sur lui-même
en 24 heures. Sa révolution s'opère en 686 jours
dans une ellipse allongée et de moitié plus grande
que celle de la Terre.

Il offre le phénomène des phases comme Mercure et Vénus, mais il n'a pas d'aussi hautes
montagnes. Sa lumière est rougeâtre. Son atmosphère est tellement dense que la clarté des étoiles y
disparaît. Chacun de ses pôles reçoit alternativement un éclat considérable, ce qui fait supposer
qu'il s'y trouve des amas de neige et de glaces qui
fondent ou s'accroissent tour à tour. Ainsi cette planète présente la plus grande analogie avec la nôtre.

Mars n'a pas de lune. Sur certaines parties de sa
surface on observe des taches qui n'ont pas toujours
la même obscurité, et qui laissent croire que ce
sont de vastes forêts se couvrant ou se dépouillant
de leur feuillage suivant la saison. Enfin des mers
viennent encore rendre sa ressemblance avec la
terre plus frappante.

Junon, Cérès, Pallas et Vesta sont quatre petites

3

planètes qui furent découvertes au commencement
du 19e siècle. Leur distance du soleil varie depuis
80 jusqu'à 95 millions de lieues. Elles accomplissent leur révolution dans l'espace de quatre années.
Le diamètre de la plus petite est de cinquante lieues
environ, et celui des plus grandes n'excède pas
600 lieues ; encore ces chiffres sont-ils bien con-
troversés. Ces astres télescopiques dévient beaucoup
de la marche des autres ; leur irrégularité a fait
concevoir l'idée que ce sont les éclats d'une planète plus grosse qui aurait existé entre Mars et Jupiter. En effet, elles ne sont pas rondes et s'entre-
lacent dans leurs orbitres, de telle sorte que toutes
viennent passer en un même point précisément où
se serait fait le choc.

Jupiter est la plus brillante des planètes après
Vénus ; c'est la plus considérable de notre système.
Il est 1470 fois plus gros que la terre, et se trouve
à 180 millions de lieues du soleil, qui lui apparaît
5 fois plus petit qu'à nous. Sa rotation sur son axe
s'accomplit en 10 heures, et le parcours de son
orbite se fait en 12 années. Jupiter est accompagné
de 4 lunes, qui tantôt se lèvent ensemble, tantôt
se rangent à côté les unes des autres, et tantôt se
trouvent à des distances inégales. Ces lunes sont
d'une grande importance pour déterminer les longitudes, parce qu'il ne se passe pas de jour qu'il ne

s'en éclipse. Leur observation conduisit Rœmer à la belle découverte de la vitesse de la lumière.

L'éloignement de Jupiter ne permet pas d'en suivre les phases : son axe est à-peu-près perpendiculaire au plan de son orbite, c'est-à-dire que son inclinaison est presque nulle, de sorte que les saisons y sont peu variées. Au moyen d'un bon télescope, on voit sur son disque des taches parallèles, disposées en bandes régulières et mobiles. Ces bandes ne sont pas encore expliquées, pas plus que l'anneau lumineux de Saturne.

Saturne, examiné à l'œil nu, offre l'aspect d'une nébuleuse, tant sa lumière est terne. Comme Jupiter, il présente des bandes parallèles ; elles servirent à Herschell pour reconnaître sa rotation sur lui-même, qui s'effectue en 10 heures. Il lui faut trente ans pour accomplir sa révolution autour du soleil. Saturne est 800 fois plus gros que la terre, il est accompagné de sept lunes ou satellites, qui, par leurs fréquentes éclipses servent aux marins pour déterminer leur longitude. Cette planète est entourée d'un anneau lumineux distant de 15 à 20,000 lieues.

Les habitants de Saturne voient le soleil dix fois plus petit que nous ne l'apercevons ; conséquemment ils en reçoivent 100 fois moins de chaleur et de clarté, si elles diminuent par la distance ; mais en

revanche , ils jouissent de 7 lunes pour éclairer
leurs nuits.

Uranus, appelée aussi Herschell du nom de l'astronome qui la découvrit en 1781, est une planète
placée à 700 millions de lieues du soleil. Elle offre
une teinte bleuâtre , mais elle ne peut guère s'a-
percevoir à l'œil nu , à cause de son éloignement.
Il lui faut 83 ans pour accomplir sa révolution ;
elle a six satellites ou lunes dont l'observation est
fort difficile.

Neptune fut découvert en 1846 par M. Lever-
rier. Sa distance est à onze cent millions de lieues
du soleil. Ce qu'on sait sur cette planète est encore
trop incertain pour être rapporté.

Distance des planètes au Soleil.		Volume des planètes, celui de la Terre étant 1.	
Mercure	13,361,000 de lieues.	Le Soleil	1,328,460
Vénus	24,966,000	Mercure	$\frac{1}{2}$
La Terre	34,515,000	Vénus	1
Mars	52,000,000	La Terre	1
Les 4 petites	de 85 à 95 millions.	Mars	$\frac{1}{7}$
Jupiter	179,575,000	Jupiter	1,470
Saturne	329,200,000	Saturne	887
Uranus	662,144,000	Uranus	77
Neptune	1,100,000,000	Neptune	11

Herschell exprime la proportion de grosseur des planètes entre
elles par les comparaisons suivantes : Si le soleil avait la taille
d'un énorme potiron, Mercure aurait la petitesse d'un grain de
moutarde, Vénus et la Terre celle d'un pois, Mars serait comme
une grosse tête d'épingle, Jupiter comme une grosse orange,

Saturne comme une petite, Uranus comme une cerise, Neptune comme une prune, et les petites planètes comme des grains de sable.

Les considérations précédentes nous amènent à ces conclusions : Les planètes sont de deux sortes, les principales, c'est-à-dire celles qui tournent autour du soleil comme Mercure, Vénus, la Terre, etc., et les secondaires, c'est-à-dire celles qui tournent autour d'une principale, comme la lune, fidèle compagne de notre globe.

Ce mouvement circulaire des planètes autour du soleil, est causé par la masse énorme de cet astre qui est doué de la plus grande puissance attractive ; il force tous ces corps à circuler autour de lui-même dans un orbe immuable. L'attraction s'accroît par la proximité et diminue suivant le carré des distances : aussi les planètes éloignées se meuvent plus lentement. Quant au mouvement des satellites, le soleil n'agit plus sur elles directement, mais c'est la planète la plus rapprochée qui attire avec le plus d'énergie. Ainsi, la lune est à 80,000 lieues de la terre et 34 millions de lieues du soleil ; aussi la terre la retient auprès d'elle et l'entraîne dans sa révolution autour du soleil.

L'action des planètes est réciproque. Si la terre attire la lune, la lune à son tour attire la terre, mais dans une proportion plus faible. Toutes deux, se meuvent autour d'un point qui leur sert comme de centre commun de gravité et qui est plus près de la terre que de la lune.

Pareillement toutes les planètes exercent une attraction collective sur le soleil, mais leur puissance réunie est si faible, comparée à celle de cet astre, qu'elle amène à peine un déplacement équivalent à la moitié de son diamètre.

Le mouvement des planètes est progressif dans l'espace ; nous ne pouvons le suivre à l'œil nu à cause de la trop grande distance, et parce qu'il est uniforme. Mais à des heures variées, et dans les différentes saisons nous trouvons que leur position dans les cieux est changée. Toutes, elles tournent sur leur axe, le côté qui regarde le soleil jouit de la lumière, le côté opposé est dans l'ombre, il y fait nuit.

Le vulgaire regarde les planètes et les étoiles comme des points brillants ; mais les astronomes portent leurs pensées plus haut : ils considèrent les planètes comme des mondes, et les étoiles comme autant de soleils épars dans l'immensité. Ceux-ci sont le centre d'autres univers qui échappent à nos regards par leur prodigieuse distance, et confondent l'imagination la plus puissante. En effet, si le soleil était aussi éloigné de notre terre que les étoiles, il nous apparaîtrait avec un éclat tout aussi faible.

Les bonnes gens croient également que lorsque la nuit vient les environner de ses ténèbres, l'obscurité règne pour tout le monde ; mais le soleil ne se couche pas, et s'il quitte nos pays, c'est pour porter chez d'autres peuples les bienfaits de la lumière et de la chaleur (1).

CHAPITRE V.

La Terre, sa forme, le pendule.

La Terre est la planète qu'il nous importe le plus de connaître, aussi nous y attacherons-nous d'une manière plus spéciale.

Si l'on jette les yeux sur une mappemonde, représentation de notre globe, on aperçoit des lignes qui se croisent les unes perpendiculairement, les autres dans le sens de l'horizon.

Ces lignes sont les degrés qui partagent la terre en 360 parties.

(1) Il peut paraître extraordinaire à certaines personnes que les planètes marchent ainsi suspendues dans l'air sans tomber. Il n'y aura plus rien de surprenant si l'on réfléchit que les corps doués de la force d'inertie ne peuvent ni s'arrêter quand ils sont en mouvement ni se mettre en activité quand ils sont à l'état de repos. Les planètes sont suspendues dans le vide complet ; elles ne sont soumises qu'aux lois de l'attraction du soleil, et par-conséquent elles devront de toute éternité suivre l'impulsion qui leur fut donnée par la main du Créateur. Leur marche est analogue à celle de la terre.

Les cercles de la sphère sont de deux sortes : les grands et les petits.

Les grands cercles la divisent en deux parties égales ; il y en a trois : L'équateur, l'écliptique et le méridien.

Les petits cercles la partagent en deux parties inégales, ce sont les tropiques, et les deux cercles polaires.

L'Equateur A B coupe la terre en deux parties égales, et à égale distance des deux pôles. Ces deux parties s'appellent hémisphères, c'est-à-dire, demi sphères. Celui du nord prend le nom d'hémisphère boréal ou septentrional, celui du sud est connu sous le nom d'austral.

L'équateur s'appelle encore ligne équinoxiale, parce que, quand le soleil y passe, tous les peuples de la terre ont douze heures de jour et douze heures de nuit.

Le méridien C D, est un cercle qui tombe perpendiculairement sur l'équateur et aboutit aux deux pôles. Ce nom lui est donné parce qu'il est midi pour tous les peuples qui se trouvent dessus lorsque le soleil y passe ; mais ceux qui sont sur le méridien opposé correspondant ont minuit. Le soleil arrive successivement sur tous les méridiens dans l'espace de 24 heures ; il en parcourt un en quatre minutes, puisque l'on en compte 360.

$$\frac{4}{1440} \overline{|60 \text{ minutes.}}$$
240 24 heures.
00

L'écliptique E F, est une ligne qui coupe obliquement l'équateur et divise le globe en deux parties égales. Il s'avance au nord jusqu'au tropique du cancer, et au sud jusqu'à celui du capricorne. L'écliptique n'est qu'un cercle tracé sur les cartes pour indiquer l'inclinaison de la terre dans sa marche autour du soleil. Son parcours embrasse exactement toute la zone torride. Ce cercle s'appelle ainsi, parce que les éclipses ne peuvent avoir lieu que quand la lune se trouve dans son pourtour. L'obliquité de ce cercle se déplace d'environ 48" par siècle, voilà pourquoi au jour du solstice, quand le soleil est sur le tropique du cancer, on ne l'aperçoit plus, comme dans l'antiquité, au fond du puits de Syène en Egypte.

Les tropiques sont deux petits cercles parallèles à l'équateur dont ils sont éloignés de 23 degrés et demi.

Le soleil y correspond aux solstices.

Le tropique du Cancer est dans notre hémisphère, celui du Capricorne est dans la partie australe.

Entre les tropiques et les pôles, sont deux autres petits cercles appelés, celui du nord, cercle polaire arctique, et celui du sud, cercle polaire antarctique.

Les deux cercles polaires et les deux tropiques servent à partager le globe en cinq parties appelées zones.

Les pôles sont les points extrêmes de la sphère ; c'est là que tous les méridiens aboutissent. Le pôle nord a reçu le nom d'arctique, à cause de la constellation de l'Ours (en grec *arctos*) ; celui du sud s'appelle antarctique, c'est-à-dire, opposé à l'arctique. Une ligne imaginaire, nommée *axe* du monde unit ces deux pôles ; c'est elle qui sert de pivot aux globes artificiels.

La forme de la terre est sphérique, ce n'est qu'après des observations multipliées et plusieurs voyages de long cours, qu'on a pu la déterminer rigoureusement.

La sphéricité de la terre est d'abord prouvée par l'abaissement ou l'élévation au-dessus de l'horizon de l'étoile polaire, à mesure qu'on s'en éloigne ou qu'on s'en approche ; ensuite, par la progression successive du jour et de la nuit pour chaque pays du globe. Si la terre était plate, le soleil l'éclairerait partout à la fois,

Quand on se trouve dans une plaine unie, étendue, à l'extrémité de laquelle est une montagne, c'est le sommet qu'on aperçoit d'abord ; en s'approchant, on reconnaît successivement les flancs de cette montagne, puis la base.

De même, si un navire en pleine mer est vu d'un rivage élevé, l'observateur découvrira le haut des mâts, puis les voiles, et en dernier lieu le corps du vaisseau. Dans ces deux cas, c'est la courbure de la terre qui s'oppose à ce que l'œil embrasse la totalité de l'objet. Si la terre était plate, on distinguerait en entier toutes les parties des corps vus à distance ; mais elles seraient plus ou moins confuses et petites, suivant le degré d'éloignement. Un navire qui se dirigerait toujours vers l'orient reviendrait à son point de départ ; le navigateur Magellan confirma cette vérité.

Dans les éclipses de lune, l'ombre de la terre étant circulaire, prouve encore la forme arrondie de notre planète.

La terre supposée sphérique, il a été facile d'en déterminer les dimensions. On l'a divisée en 360 parties appellées degrés. La voûte des cieux a été partagée exactement de même. A l'aide d'un instrument de précision qui sert à mesurer la hauteur de l'étoile polaire sur l'horizon, on a pu facilement arriver au problème recherché. Il a fallu simplement, en partant d'un point fixe, marcher dans la direction de la polaire, jusqu'à ce qu'elle parût s'être élevé d'un degré. On a conclu que

l'on avait parcouru la 360ᵉ partie de la circonférence de notre globe. La distance s'est trouvée
être de 25 lieues ; donc un degré terrestre vaut
25 lieues. La conséquence naturelle, est qu'on
fera le tour de la terre en parcourant 360 fois 25
lieues, soit 9,000 lieues.

C'est cette mesure exacte de la terre qui a servi
de base à notre système métrique. Le mètre est la
dix-millionième partie de la distance du pôle à
l'équateur, ou du quart de la terre.

La forme de la terre n'est pas celle d'une
sphère parfaite, elle est renflée à l'équateur et aplatie aux deux pôles. Déjà Newton l'avait pressenti :
mais pour amener la conviction de cette vérité, il
fallut les savantes et laborieuses recherches des ingénieurs français Godin, Bouguer, la Condamine,
Maupertuis et Clairaut. Les uns partirent pour la
Laponie, les autres pour le Pérou, afin de procé-
der à leurs expériences.

La Caille prouva que les degrés s'allongent en
avançant vers le nord.

MM. Biot et Arago, reprenant une seconde fois
les mêmes travaux, ont conclu rigoureusement
que la terre est aplatie aux pôles d'environ $\frac{1}{306}$ et
qu'elle forme à l'équateur un renflement d'en-
viron cinq lieues.

Pour comprendre l'aplatissement de la terre aux
pôles et son renflement à l'équateur, il n'y a qu'à se la

figurer fluide et molle, sortant des mains du Créateur. La rapidité de son mouvement de rotation doit amener au centre de son disque une accumulation de matière, et donner un aplatissement aux deux pôles, considérés comme les extrémités de l'essieu du monde.

Quant à l'objection que le vulgaire oppose à la sphéricité du globe : que nos antipodes doivent marcher la tête en bas et tomber ; un moment de réflexion suffit pour la résoudre. L'attraction de la terre est extrêmement puissante sur tous les corps qui la touchent ; de plus, l'atmosphère pèse tellement, qu'un homme d'une taille ordinaire supporte un poids de 32,000 livres. Il n'en faut pas tant pour tenir l'homme attaché fortement au sol qu'il habite. Nous sommes dans la même circonstance par rapport à nos antipodes et nous ne tombons nullement.

Comme le centre d'attraction est le centre même de la terre, on a supposé que les corps doivent peser plus aux pôles qu'à l'équateur, où il existe un renflement de cinq lieues. Le pendule servit à vérifier le fait, et corrobora les grands travaux des ingénieurs français qui firent connaître la véritable forme de notre globe.

Un poids mis dans une balance ne pouvait remplir ce but, puisque le poids et l'objet pesé auraient subi la même déperdition. On eut recours au pendule ou balancier d'une horloge, dont les oscillations sont toujours égales dans des temps égaux.

On reconnut que les vibrations sont plus lentes à l'équateur, parce que la gravité y est plus faible, et que la force centrifuge de la rotation tend à chasser les corps loin du centre.

Cette découverte servit désormais à régler les pendules. A mesure qu'on s'approche de l'équateur, il faut raccourcir le balancier. Quand une horloge avance, il faut l'allonger ; car plus le pendule est long, plus il met de temps pour battre une oscillation. Dans l'espace de 24 heures, il bat à Paris 86,400 fois, c'est 3,600 par heure, 60 par minute, et une par seconde. Sa longueur doit être alors de mètre 0,993.

On peut considérer la sphère comme ayant trois sortes de positions : la droite, la parallèle et l'oblique.

Puisque la terre est inclinée dans sa marche autour du soleil de 23° 27', il en résulte que les astres ne paraissent pas suivre la même direction aux yeux des différents peuples. Les habitants de l'équateur dont l'horizon est formé par le pôle nord et par le pôle sud ont la sphère droite. Dans cette position, l'équateur et tous les cercles parallèles à l'équateur, sont coupés par l'horizon en deux parties égales ; pour eux l'équinoxe

est perpétuel, ils ont douze heures de jour et douze
heures de nuit.

La sphère est oblique lorsque l'équateur est incliné sur l'horizon. Cette position a lieu pour tous
les peuples situés entre l'équateur et le pôle ; car
l'un des pôles est toujours plus élevé, et l'autre
plus abaissé au dessous de l'horizon. Dans ces régions, les astres pour un observateur paraissent se
lever plus ou moins obliquement ; par conséquent
les nuits et les jours ne sont pas égaux, si ce n'est
à l'équinoxe d'automne et à celui du printemps,
quand le soleil passe sur l'équateur.

La sphère parallèle n'a lieu qu'aux pôles, où les
astres décrivent des lignes parallèles à l'horizon.
Dans cette position, une moitié de l'écliptique est
toujours au-dessus, l'autre moitié au-dessous de
l'horizon. Par conséquent, il n'y a dans toute
l'année qu'un seul jour et qu'une seule nuit de six
mois.

CHAPITRE VI.

Mouvements de la terre. Sa rotation sur elle-même.

La terre a deux mouvements : 1° elle tourne sur elle-même en 24 heures, et nous donne ainsi le jour et la nuit ; 2° elle accomplit sa révolution autour du soleil en 365 jours 1[4, et nous procure les différentes saisons de l'année.

1° *Rotation de la terre sur elle-même.* Les sens peuvent nous servir pour acquérir des connaissances, mais l'esprit et la raison ont le privilége de réfléchir et de juger.

Il est certain que toute la sphère céleste paraît tourner autour de la terre en 24 heures, mais ce spectacle n'est qu'une illusion de nos yeux.

Le soleil ne tourne pas plus autour de notre planète que le rivage avec les maisons et les arbres ne fuit aux yeux de l'enfant emporté sur un fleuve dans une barque rapide. Cependant, s'il s'en rapporte à ses yeux, ce sont ces mêmes objets qui fuient, tandis que lui-même reste immobile sur l'eau.

Ce que nous avons dit jusqu'ici sur les planètes suffit pour faire comprendre que la terre, comparée à tous les autres corps célestes, n'est qu'un atome perdu dans l'espace. Or, comment condamner le soleil, les planètes, les masses énormes des étoiles, à tourner chaque jour autour de notre globe, à accomplir des milliards de lieues, tandis que la terre n'a qu'une rotation à faire sur elle-même en 24 heures, soit $\frac{1}{10}$ de lieu par seconde ; car si la terre est immobile, il faut que le soleil parcoure 1,500 lieues par seconde, Saturne 30,000, Uranus 62,000 et les étoiles les plus proches 1,125 millions de lieues dans le même espace de temps.

Dans cette supposition, tous ces corps placés à des distances incommensurables sont attirés avec la même énergie que les astres les plus rapprochés, et cela par une des plus petites planètes.

Le mouvement de la terre sur elle-même est donc déjà pressenti par le simple raisonnement ; il devient évident quand les phénomènes célestes en reçoivent leur explication naturelle.

Toutes les planètes accomplissent leur révolution autour du soleil dans des temps inégaux : Mercure en 87 jours, Vénus en 224 jours, Mars en 2 ans, Jupiter en 12 ans, Saturne en 29 ans, Uranus en 84 ans. Si ces planètes tournaient autour de la terre, cette irrégularité de parcours serait visible et appréciable à nos yeux. Or toutes paraissent accomplir leur révolution en 24 heures, ni plus ni moins. Donc, c'est la terre qui fait un tour sur elle-même dans ce temps.

Toutes les planètes tournent sur leur axe ; rien ne motive une exception en faveur de notre globe.

La terre, en accomplissant ainsi sa rotation sur elle-même en 24 heures, nous donne alternativement le jour et la nuit ; c'est pourquoi ce mouvement s'appelle mouvement diurne ou journalier. La partie de notre planète tournée vers le soleil a le jour, la partie opposée a la nuit.

Comme la terre se meut de l'ouest à l'est, elle produit pour nos yeux le mouvement du soleil et des astres en sens inverse, c'est-à-dire, qu'ils semblent se lever à l'orient pour se coucher à l'occident.

Notre globe dans son mouvement sur son axe parcourt à peu près quatre lieues par minute pour la France ; cette distance diminue à mesure qu'on se rapproche des pôles, elle est un peu plus forte pour l'équateur qui est renflé, et plus éloigné de l'axe, centre du mouvement.

Au contraire dans la révolution de la terre autour du soleil, toutes les parties de notre planète se meuvent avec la même rapidité dans l'espace ; cette rapidité est de 350 lieues par minute.

La surface entière de la terre est de 25,790,440 lieues carrées, offrant une circonférence de 9,000 lieues, dont les 2|3 sont couverts par les eaux.

La croûte ou enveloppe terrestre offre une couche solide de 15 à 20 lieues d'épaisseur. Un feu central occupe tout l'intérieur ; ce feu est prouvé par des éruptions volcaniques dans tous les lieux du monde. Quant aux plus hautes montagnes, en comparaison avec la masse totale du globe, elles ont moins d'importance que les rugosités qu'on remarque sur la peau d'une orange, et seraient à peine représentées par un millimètre en saillie, sur un globe de cinq pieds de diamètre.

La terre n'est pour les habitants des planètes les plus rapprochées de nous qu'un point lumineux ; elle devient invisible pour les astres qui sont plus volumineux qu'elle, et que nous apercevons à peine. Elle est absolument nulle pour la multitude innombrable des étoiles qui couvrent le firmament.

La lune est la seule planète qui voie notre globe dans des dimensions considérables, il lui apparaît treize fois plus grand qu'elle-même ne se montre à nos yeux.

CHAPITRE VII.

Révolution de la terre autour du soleil.

Les anciens croyaient que la terre était immobile au centre de l'univers, et que le soleil avec tous les astres tournaient autour d'elle en vingt-quatre heures. C'est le système de Ptolémée. Copernic et Galilée prouvèrent le contraire, et aucune vérité mathématique ne paraît mieux démontrée.

Si l'on observe le soleil, on voit qu'il ne décrit pas toujours la même courbe, qu'il se rapproche tantôt du nord, tantôt du sud dans l'espace d'une année, et qu'à mesure que les mois s'écoulent, de nouvelles constellations apparaissent à son lever. Ce grand cercle que le soleil paraît décrire à travers les étoiles en parcourant environ un degré par jour, s'appelle l'écliptique. Sur les mappemondes, les deux extrémités de ce parcours sont indiquées par les deux tropiques.

Les deux solstices sont les points où l'écliptique touche les tropiques ; on les appelle ainsi, parce que le soleil paraît s'arrêter dans son cours pour rétrograder ensuite. (*sol stat* le soleil s'arrête.)

Mais ce n'est pas le soleil qui parcourt l'écliptique, comme semble l'affirmer le témoignage de nos yeux,

c'est la terre qui présente au soleil la portion de sa
surface située entre les deux tropiques. L'apparence
seule est trompeuse. De même que les objets du
rivage changent de position pour le voyageur en
bateau, ainsi chaque jour la terre correspond par
rapport au soleil à des étoiles variées et fixes. Cela
prouve qu'elle change de place. Dans l'espace d'une
année, elle s'est trouvée successivement en face de
toutes les étoiles qui composent le zodiaque.

La terre est une planète en tout semblable aux
autres, pourquoi vouloir que seule elle ne tourne
pas autour du soleil? Il faudra donc lui reconnaître
une puissance d'attraction supérieure à cet astre?
L'étonnement sera plus grand, si l'on songe à l'in-
croyable vitesse dont tous les grands corps planétaires devront être animés pour décrire chaque jour
des cercles incommensurables. Et comme cette vitesse de mouvement augmente à mesure que les
planètes et les étoiles sont plus éloignées, il en résulte une conclusion absurde, savoir : que la force
d'attraction de la terre sur tous les astres est d'autant plus puissante qu'ils sont plus éloignés. La
terre supposée immobile, il devient impossible
d'expliquer le phénomène de la rétrogradation apparente des planètes et leurs différentes stations,
tandis que tout se comprend avec le système de
Copernic.

Le soleil est 1,400,000 fois plus gros que la

terre ; s'il faut que l'un de ces deux corps tourne autour de l'autre, il est évident que le plus petit devra subir la loi du plus fort.

Dans sa révolution annuelle autour du soleil, la terre marche inclinée de 23°, 27' ; il en résulte que l'un de ses pôles est éclairé par le soleil, tandis que l'autre est plongé dans l'ombre : mais chacun d'eux jouit tour-à-tour du bienfait de la lumière.

La terre accomplit sa révolution autour du soleil en 365 jours, 5 heures, 48', 49''. C'est ce qu'on appelle l'année solaire. Cette marche circulaire dans l'espace a lieu au moyen de deux forces : la force de projection imprimée à la terre par Dieu, et la puissance attractive du soleil.

Quelques explications géométriques sont nécessaires pour mieux comprendre les lois de ce phénomène. Un corps soumis à l'influence d'une seule force se meut toujours en ligne droite, suivant la direction du choc qui le pousse. Ainsi, une boule A frappée au point X suivra sa marche dans la direction de B.   A x ⬤ . . . . . . B.

fig. 1.

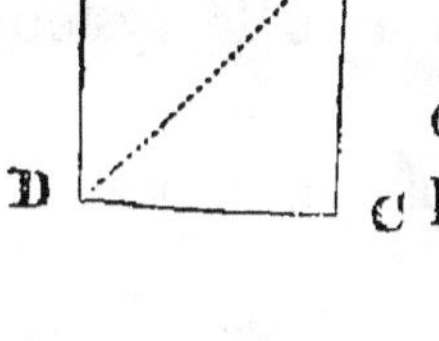

Qu'arrivera-t-il si deux forces agissent en même temps ?

Si les deux chocs ne sont pas en opposition exacte l'un avec l'autre, il y aura mouvement (*fig.*

1re.) La force X poussera la boule en B, et la force Y la poussera en C. Dans ce cas, la boule n'obéira à aucune de ces deux forces, mais elle prendra une ligne intermédiaire et arrivera au point D.

fig. 2.

Si les deux forces sont inégales comme dans la *fig.* 2, où la force X est deux fois plus grande que la force Y ; il suffit pour apprécier la marche que suivra la boule frappée au même moment, de prolonger deux fois plus la ligne X que la ligne Y. La boule arrivera au point D en suivant la diagonale.

fig. 3.

Appliquons ce principe au mouvement de la terre et de toutes les planètes (*fig.* 3.) Supposons qu'à l'instant de sa formation, la terre A ait été lancée dans l'espace. Si rien ne contrarie sa course elle continuera toujours à suivre la même ligne de projection, soit A O. Mais l'attraction du soleil S se fait vivement sentir ; et si la vélocité de la terre la porte au point B en un mois, tandis que l'attraction du soleil la sollicite à descendre dans le même temps en C, elle n'obéira ni à l'une ni à l'autre de ces deux forces, mais suivant la diagonale A D, elle parviendra au point D en décrivant une ligne courbe.

Quand la terre est en D, les mêmes causes agissant toujours dans le même sens produiront le même effet : la terre arrivera en E, puis en F, etc., et accomplira sa révolution entière, en suivant une ligne circulaire.

Ainsi la terre tournera constamment autour du soleil, sans craindre de s'approcher de trop près de cet astre et de se précipiter sur lui, mais aussi sans courir l'autre danger de sortir de son orbite, pour aller se jeter sur d'autres planètes. On peut même considérer tous les points de l'orbite parcourus par la terre, comme formant autant de petits parallélogrammes qui produisent une série continuelle de lignes courbes.

L'attraction du soleil est la force qui retient notre planète autour de cet astre, et l'impulsion de projection est la force contraire, celle qui sollicite la terre à s'éloigner.

La terre ne décrit pas un cercle parfait pendant sa révolution annuelle : l'hiver, elle est plus rapprochée du soleil d'un million de lieues que pendant l'été. L'attraction solaire est alors plus forte, et la terre doit tomber plus vite sur l'astre qui l'attire. Mais tomber plus vite pour un corps qui gravite dans l'espace, c'est accélérer son mouvement. Aussi la terre s'avance avec plus de vitesse dans cette partie de son orbite, et c'est précisément ce mouvement plus rapide qui contrebalance l'attraction plus puissaante. La terre emploie sept jours de plus pour parcourir le demi cercle qui correspond à l'été. Ainsi, plus une planète est rapprochée de l'astre qui l'attire, plus son mouvement est rapide.

Quand la terre est plus près du soleil, elle est à son *périhélie;* on dit qu'elle est à son *aphélie* quand elle en est le plus éloignée.

Il paraît singulier que pendant l'hiver, lorsque le froid sévit sur nous, nous soyons plus, rapprochés du soleil d'environ un million de lieues.

Mais en réfléchissant, on comprendra que la différence d'un million sur trente-quatre ne produirait que quelques degrés de différence dans la température.

Il existe encore d'autres causes des chaleurs de l'été et des froids de l'hiver.

Pendant l'hiver, les nuits sont longues et froides, les jours petits, et de plus, l'atmosphère est chargée de vapeurs et de brouillards qui affaiblissent la force du soleil, déjà trop rare dans cette saison. Ses rayons ne nous arrivent plus qu'obliquement, ils traversent une plus grande étendue d'air, et perdent considérablement de leur chaleur en se dispersant sur une plus vaste surface de terrain, comme il est facile de voir par la figure 4.

5

fig. 4.

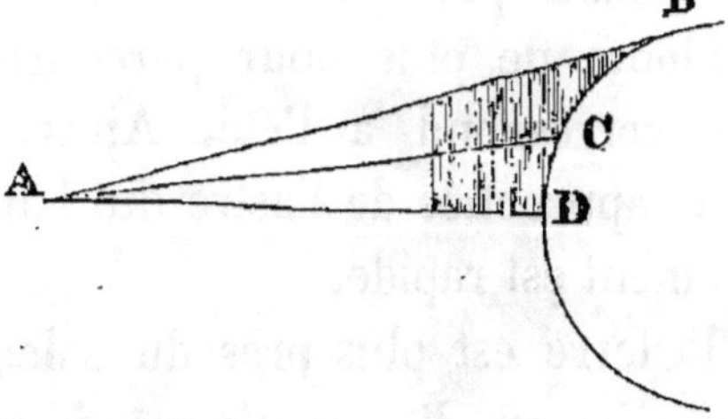

L'angle A B C représentant une portion d'atmosphère plus oblique offre plus d'étendue que l'angle **A C D**, quoique tous les deux soient égaux.

Pendant la saison d'été le soleil reste longtemps au-dessus de l'horizon, les jours sont longs et chauds, les nuits sont courtes et perdent peu de chaleur.

Si le soleil est plus rapproché de la terre pendant l'hiver, son disque doit nous paraître plus grand : c'est ce qui a lieu réellement, mais le fait ne peut guère s'apprécier à la simple vue, il faut faire usage de l'instrument appelé micromètre.

Des Saisons.

Dans sa révolution autour du soleil, la terre marche inclinée de 23°,27'. Cette inclinaison plonge dans l'ombre celui des deux pôles qui n'est pas tourné vert le soleil. Quand l'été règne sur notre hémisphère nord, le pôle boréal est penché vers le soleil, cet astre brille sur toute la zône glaciale, tandis que le pôle austral est dans l'obscurité.

Le solstice d'été arrive le 22 juin ; alors le soleil est perpendiculaire sur le tropique du cancer. Là, il s'arrête pendant quelques jours, pour reprendre bientôt un mouvement rétrograde vers l'équateur et diminuer de plus en plus la longueur de nos jours. Quand il touche au point où l'écliptique coupe l'équateur, nous avons l'équinoxe d'automne, les nuits sont égales aux jours pour tous les peuples de la terre, excepté pour les régions polaires. C'est le 23 septembre. Déjà l'obscurité commence à gagner le pôle nord, tandis que la clarté s'avance progressivement vers le pôle sud. Au 22 décembre, nous avons le solstice d'hiver ; pour nous, les nuits sont très-longues, tandis que l'autre hémisphère jouit du bienfait de l'été et de dix-huit heures de jour. Ainsi chaque moitié du globe reçoit alternativement les diférentes saisons. En effet, le soleil après une station de quelques jours sur le tropique du capricorne, reviendra peu-à-peu vers l'équateur, et continuant sa marche ascendante vers notre hémisphère, nous ramènera la chaleur avec sa clarté radieuse.

Les yeux peuvent suivre sensiblement le mouvement apparent du soleil, et son point d'arrêt à l'époque du solstice d'été. Il suffit pour cela de remarquer dès le mois de juin, le lieu précis du lever ou du coucher du soleil, en le faisant correspondre avec un arbre ou quelque objet fixe et immuable. Chaque jour on verra cet astre s'avancer de plus en plus vers le nord, jusqu'au 20 juin. Pendant quarante-huit heures, il demeurera comme stationnaire. Ce qu'explique le mot solstice (le soleil s'arrête). Les jours suivants, l'astre rétrogradera vers le sud ; il s'y inclinera de plus en plus jusqu'au 22 décembre. Alors le soleil s'arrêtera de nouveau, pour remonter vers notre hémisphère du nord.

Lorsque nous disons que le soleil prend sa course ou suit sa marche, il est bien entendu que ce n'est qu'une marche apparente, et qu'en réalité c'est la terre qui présente aux rayons de l'astre éclatant les différents points de sa surface.

Pour nous résumer : le soleil se trouve deux fois par année sur l'équateur : à l'équinoxe du printemps et à l'équinoxe d'automne ; le 21 mars, et le 20 septembre.

Il se trouve également deux fois par année sur les solstices, c'est-à-dire sur le tropique du cancer et sur celui du capricorne ; mais il ne va jamais au delà. Il est le 22 juin sur la ligne du cancer, et sur celle du capricorne le 22 décembre.

Les deux équinoxes et les deux solstices servent à diviser l'année en quatre saisons.

Le printemps s'étend de l'équinoxe du printemps au solstice d'été, il a 92 jours ; l'été, du solstice d'été à l'équinoxe d'automne , il comprend 93 jours $\frac{1}{10}$; l'automne prend depuis l'équinoxe d'automne , au solstice d'hiver, embrassant une période de 89 jours et dix-sept heures, enfin, l'hiver, placé entre le solstice d'hiver et l'équinoxe du printemps, compte 89 jours. Cette inégalité dans la durée des saisons provient de ce que l'orbite de la terre est elliptique.

Il ne faut pas croire que le soleil dispense également sa chaleur et sa clarté pour tous les peuples de la terre. Les habitants, placés entre les deux tropiques , éprouvent des chaleur ardentes, parce que le soleil est d'aplomb sur eux ; mais ses rayons arrivent obliquement sur les pays tempérés, et presque horizontalement sur les pôles.

Plus on s'avance vers l'équateur, plus la chaleur augmente; plus on s'en éloigne , plus elle diminue. Les climats glacés et inhabitables du pôle ont un jour et une nuit de six mois alternativement. A l'époque de l'équinoxe , le soleil est à moitié visible à la fois pour les deux pôles ; les jours suivants, il remonte peu-à-peu vers l'un et disparaît graduellement pour l'autre. Au cercle polaire il y a un jour de vingt-quatre heures.

Les anciens géographes avaient partagé en vingt-quatre climats l'espace compris entre l'équateur et les pôles ; chacun était d'une demi-heure.

Un climat comprenait l'étendue de terrain nécessaire pour que le plus long jour surpassât d'une
demi-heure le cercle parallèle qui terminait le climat précédent. A l'équateur, le jour est constamment de douze heures.

Le premier climat comptait son plus long jour
de douze heures et demie ; le second de treize heures, et ainsi de suite. Paris est à la fin du huitième
climat, puisque le plus long jour est de seize
heures. Dans ce calcul on ne compte que le temps
où le soleil paraît sur l'horizon, sans s'occuper du
crépuscule ni de l'aurore.

Du cercle polaire aux pôles, les climats sont
d'un mois, il y en a six. Le plus long jour à la
fin de ces climats surpasse d'un mois entier le plus
long du parallèle précédent.

On appelle précession des équinoxes la différence qui existe chaque année entre le retour du soleil et celui de la terre au même point à l'équinoxe.

Chaque année, la terre se trouve en retard de
20', 25''. Cette différence fait que le soleil, par
rapport à la terre, semble rétrograder dans le zodiaque d'un degré en 72 ans. Ce retard empêche naturellement les saisons actuelles de coïncider avec
celles de l'antiquité. Cependant on a toujours gardé
l'usage de dire que le soleil entre dans le signe du
Bélier au mois de mars.

CHAPITRE VIII.

Longitude et latitude. Zônes.

On appelle mappemondes des cartes géographiques qui représentent la masse totale du globe, terre et eau ; et simplement cartes, la représentation d'un pays plus ou moins étendu.

Chaque carte, quelle que soit sa dimension, a un rapport avec la grandeur réelle de la terre. Ce rapport est indiqué par une échelle de proportion qui donne la quantité de lieues, de kilomètres ou de mètres renfermés sous une longueur fixée d'une manière immuable.

A l'aide des longitudes et des latitudes on peut déterminer rigoureusement tous les endroits du globe.

La terre est divisé en 360 degrés °, le degré en 60 minutes ', et la minute en 60 secondes ".

Le degré représente une superficie de 25 lieues ; il se fractionne en 60 minutes, c'est-à-dire, en 1666 mètres ; la minute elle-même se subdivise en 60 secondes ; il en résulte que la surface d'une seconde est restreinte à 27 mètres, 66 centimètres.

Ainsi, le navigateur qui découvre un gisement de minerai précieux dans une contrée sauvage, un voyageur qui trouve dans le fonds des déserts les ruines d'une ville antique, peuvent l'un et l'autre, à l'aide des latitudes et des longitudes, indiquer rigoureusement leur découverte à tout le monde savant, à la distance approximative de 27 mètres.

Pour déterminer la position d'un pays, avons-nous dit, il suffit de savoir à quelle distance il est de l'équateur et du méridien.

La latitude d'un lieu est sa distance à l'équateur ; on l'obtient en prenant la hauteur de l'étoile polaire sur l'horizon ; elle est toujours égale à la distance de ce lieu à l'équateur. La latitude se compte à partir de ce dernier cercle et en s'avançant vers le pôle ; elle ne peut jamais dépasser 90°, mais elle est septentrionale ou méridionale. Elle est nulle à l'équateur ; elle est égale à 90° sous les pôles, Tous les degrés de latitude sont chacun de 25 lieues.

Dans l'hémisphère austral, comme il n'existe pas d'étoile polaire, on choisit toute autre étoile fixe qu'on prend le soin d'indiquer.

La longitude est la distance d'un lieu au méridien convenu ; elle offre plus de difficultés, et sert à préciser la position d'un endroit à l'orient ou à l'occident. Comme il n'existe pas de pôle dans cette direction, on a fait choix d'un degré appelé premier méridien..

Les Français comptent leur longitude du méridien qui passe par l'observatoire de Paris; les Anglais de celui qui passe à Greenwich, près de Londres.

La longitude se détermine par la différence des heures entre deux pays; il s'agit donc de savoir prendre la hauteur du soleil.

La terre tournant sur elle-même en 24 heures, nous donne le mouvement apparent du soleil qui passe successivement en une journée devant les 360°; c'est-à-dire, qu'il parcourt 15° par heure.

$$360 \,\lfloor\, 24 \text{ heures.}$$
$$120 \quad \overline{15}$$
$$0$$

Quand il est midi pour Paris, il est une heure pour tous les pays situés à 15 degrés à l'orient de cette ville; tandis qu'il n'est que onze heures du matin à 15 degrés à l'occident, puisque le soleil n'y est pas encore parvenu. Tous les pays placés sous le même méridien ont exactement la même heure.

Ainsi il suffit à un voyageur, pour reconnaître sa longitude, d'avoir une bonne montre réglée sur Paris. En observant l'heure de midi du pays où il se trouve, il pourra toujours l'évaluer, sachant que une heure de différence équivaut à 15 degrés, soit à l'orient, soit à l'occident.

Les chronomètres ou garde-temps remplissent

ce but : ce sont des montres marines travaillées
avec une si rare perfection, qu'il en existe qui n'ont
pas varié d'un $\frac{80}{100}$ de seconde en une année. Un ingénieux appareil leur fait conserver la plus grande
régularité, malgré les changements de température
et les secousses inévitables sur mer. Toutefois si un
accident vient à briser le chronomètre, on a recours aux satellites de Jupiter, lesquels s'éclipsent
presque journellement, ou bien encore aux éclipses
de soleil et de lune. L'époque précise de tous ces
phénomènes est calculée et publiée plusieurs années à l'avance.

Le navigateur, connaissant l'heure exacte à laquelle l'éclipse est visible à l'observatoire de Paris,
n'a plus qu'à examiner à quelle heure le phénomène apparaît au pays où il se trouve. Dès qu'il
connaît la différence des deux heures, la longitude
est déterminée.

Supposons par exemple que l'éclipse d'une des
lunes de Jupiter soit annoncée visible à Paris pour 6
heures du soir, si un voyageur ne l'aperçoit qu'à
10 heures du soir, il se trouve être de 4 heures
en différence avec Paris, à la longitude orientale,
c'est-à-dire, à 60° à l'orient de Paris.

Ainsi disparaît pour le marin une grande partie
des dangers d'une navigation sur une mer incon-
nue pour lui, parce que les écueils sont partout
indiqués sur les cartes. Guidé par sa montre marine,

il peut toujours évaluer à peu près la distance où il
se trouve d'un passage dangereux.

Les degrés de longitude vont d'un pôle à l'autre ; ils se comptent sur le cercle qu'on appelle
premier méridien, mais ils n'ont pas partout
la même valeur. A l'équateur, ils sont de 25 lieues.

Comme ils vont tous se réunir aux pôles où ils se
confondent, leur distance respective diminue à mesure qu'ils s'en approchent, et parconséquent ils
perdent en étendue. En France, le degré de longitude ne vaut plus que 15 à 16 lieues. Quant à la
latitude, elle offre partout la même étendue,

Zônes.

On entend par zônes de grandes divisions du
globe terrestre que l'on conçoit séparées par des
cercles parallèles à l'équateur. Il y en a cinq, savoir : une zône torride, deux tempérées et deux
glaciales.

La zône torride forme la portion de la terre
comprise entre les deux tropiques, traversée obliquement par l'écliptique, et coupée horizontalement au centre par l'équateur. Ce mot *torride*
veut dire brûlée, parceque c'est dans cette partie
du monde que le soleil fait sentir ses feux les plus
ardents. Les peuples qui s'y trouvent jouissent du
singulier spectacle de voir les ombres se diriger

soit au nord, soit au sud, suivant que le soleil
est au-dessus ou au-dessous de l'équateur.

Les anciens croyaient la zône torride inhabitable
à cause de la chaleur, mais plusieurs circonstances concourent à y entretenir une température
supportable, comme les grandes pluies, les nuits
naturellement fraîches, de hautes montagnes, les
vents alisés etc. Ainsi Quito située près de l'équateur jouit d'un éternel printemps.

Les zônes tempérées sont situées entre les deux
tropiques et les deux cercles polaires. Celle que
nous habitons est dans l'hémisphère nord ; l'autre,
dans l'hémisphère austral. On les appelle tempérées, parce qu'elles jouissent d'un climat doux,
qu'elles ne ressentent ni les chaleurs brûlantes ni
les froids excessifs. La succession des saisons s'y fait
régulièrement ; le sol y est propre à toutes les
productions importantes pour l'homme, et favo-
rise plus spécialement l'esprit et l'éducation morale.
A cette contrée appartiennent les peuples les plus
civilisés du globe.

Les 2 zônes glaciales s'étendent des cercles polaires aux pôles. Les régions, comprises dans cette
limite, sont constament couvertes de neiges et de
glaces. Il n'y a que la partie sud qui soit parcourue par de misérables peuplades de Lapons, le reste
est inhabitable. A de rares intervalles quelques pê-
cheurs de baleines, poussés par l'appât du gain ou

par les tempêtes, se hasardent dans ces tristes pa-
rages qui ne présentent que deux saisons, l'hiver
et l'été. L'hiver est long et excessivement rigoureux;
l'été, chaud et court. Pendant l'hiver, on y a trouvé
la terre gelée à 100 pieds de profondeur, on a vu
l'eau-devie se congeler et une croûte de glace couvrir les lits des malheureux forcés d'hiverner; tandis que pendant l'été, on a pu quelquefois remarquer le goudron se fondre par la chaleur du soleil
sur les flancs des vaisseaux (1).

Différentes causes tendent néanmoins à abréger
la longueur des nuits pour les habitants de la zône
glaciale. D'abord le jour apparaît longtemps avant
le soleil sous la forme d'un crépuscule, la lune et
les étoiles brillent d'une plus vive clarté, les ré-
fractions des glaces diminuent l'épaisseur des ténèbres, enfin, on y voit souvent d'éclatantes aurores
boréales.

(1) Malte-Brun, Géographie, tom. 1er.

CHAPITRE IX.

Année sidérale. Temps moyen et temps vrai. Considérations sur la terre.

Quoique la terre tourne sur elle-même en 24 heures, elle accomplit 366 rotations en 365 jours. Cela tient à son mouvement progressif. Chaque jour elle s'avance à l'ouest de près d'un degré ; aussi les astronomes qui ont besoin d'une grande précision, calculent l'année, non par le retour du soleil, mais par celui d'une étoile fixe au même méridien.

Après 365 jours, la terre et l'étoile se retrouvent exactement à leur point de départ. C'est ce qu'on appelle l'année sidérale, *sidus* astre.

L'année tropique au contraire est l'intervalle du temps qui s'écoule entre le départ et le retour consécutifs du soleil au même point de son orbite apparent ; elle a 4 minutes environ de plus que la précédente.

Le jour sidéral a toujours la même durée ; il n'en est pas ainsi du jour solaire, parce que la terre marche plus vite au *périhélie*, et plus lentement à l'*aphélie*. Tantôt le jour dure plus de 24 heures , et tantôt moins.

Le mouvemement diurne de la terre inclinée sur son axe, sa révolution annuelle dans son orbite elliptique, forment un mouvement compliqué, source d'irrégularités. Aussi, si l'on suppose une horloge parfaite, qui ne varie pas d'une minute dans une année, elle ne sera en accord avec le soleil que 4 fois par an : le 15 avril, le 16 juin, le 31 août et le 24 décembre.

Quant aux autres jours, les différences pourront varier depuis une minute jusqu'à 16. C'est pourquoi on a imaginé une manière de régler les heures, en prenant un terme moyen qui évite les différences considérables, mais qui ne se trouve en harmonie ni avec le soleil, ni avec une horloge parfaite. C'est ce qu'on appelle le temps moyen, par opposition au temps vrai, qui est celui que le soleil emploie pour revenir exactement sur un même méridien.

La terre reçoit sa chaleur du soleil, cette chaleur est d'autant plus forte que les rayons sont moins obliques. Plus les jours sont longs, plus ils sont chauds. Le 22 juin est le plus long de l'année, c'est aussi lui qui accumule le plus de chaleur, et cependant c'est un fait bien connu que le mois de juillet est généralement bien plus ardent que le mois de juin ; en voici l'explication :

la terre échauffée n'a pas le temps de se refroidir, car les nuits sont très-courtes : aussi le calorique que chaque journée apporte, amène toujours une élévation successive de température, quoique déjà les jours commencent à diminuer.

La même cause explique pourquoi il fait plus chaud à 2 heures qu'à midi, quoique le soleil soit sur le méridien à cette dernière heure.

L'hémisphère austral est plus froid que le nôtre, parce qu'il est en grande partie couvert par les eaux qui ne s'échauffent pas autant que les continents.

La terre possède une chaleur qui lui est propre et qui est occasionée par le feu central. Des expériences faites dans les mines, démontrent que la chaleur augmente d'un degré, à mesure que l'on descend de 90 à 100 pieds.

Le contraire arrive quand on s'élève dans l'atmosphère, c'est le froid qui se fait alors sentir ; la progression paraît être d'environ un degré sur 160 toises pendant l'été. Il existe une élévation où l'abaissement de la température atteint le terme de la glace ; de là proviennent ces neiges éternelles et ces masses de glaciers qui couvrent les sommets des plus hautes montagnes.

On entend par atmosphère la couche d'air qui environne la terre et qui s'élève environ à 17 lieues au dessus de nos têtes. L'air est un corps gazeux, inodore, sans couleur, composé de 21 parties d'oxygène et de 79 d'azote. En petite quantité, l'air est transparent, en masse il est bleu. C'est lui qui en réfractant la lumière du soleil, nous procure l'aurore et le crépuscule. Il propage les sons. Par lui, le rayonnement du calorique dans l'espace s'opère peu à peu et insensiblement, sans cette masse aérienne, le soleil darderait sur nous des traits de feu, et son absence nous causerait un froid excessif quand il disparaît sous l'horizon.

Ainsi que tous les corps de la nature, l'air est pesant; six pouces cubes pèsent deux grains; il est par rapport à l'eau, comme 1 est à 800. La chaleur le dilate considérablement et le rend plus léger; il s'élève alors pour gagner les couches supérieures de l'atmosphère.

On croit généralement que les vents sont occasionés par ces mouvements aériens. Le soleil échauffant les couches inférieures de l'air, les force à s'élever comme la fumée. La place laissée vide par cet air dilaté, est immédiatement remplie par les couches voisines, et celles-ci par leurs suivantes. Il s'établit ainsi un courant successif.

Plus les pays sont chauffés par le soleil, plus ils sont exposés à des ouragans, à des tourmentes terribles.

Les vents qui paraissent n'avoir aucune direction suivie dans nos climats tempérés, soufflent périodiquement dans la zone torride ; les marins ne manquent pas de les mettre à profit pour la navigation. Le vent du nord, combiné avec celui de l'est, produit un courant qui règne pendant six mois au nord de l'équateur, tandis qu'un autre vent s'élève les six autres mois au sud. Ces deux vents réguliers s'appellent *alisés*. Ils sont causés par l'inclinaison de l'hémisphère du nord et de l'hémisphère du sud tour à tour penchés vers le soleil et par cela même considérablement échauffés.

Les marins nomment *moussons* le changement périodique de ces vents ; il n'a pas lieu brusquement, mais à mesure que le soleil va d'un tropique à l'autre ; c'est ordinairement le temps des orages et des tempêtes.

L'atmosphère est toujours en mouvement ; cette agitation contribue à sa pureté, car le vent violent disperse au loin tous les miasmes impurs qui s'exhalent des marécages ou des lieux remplis de matières animales en putréfaction. Souvent le zéphir vient agiter le feuillage et nous procurer d'agréables sensations avec une douce fraîcheur.

Sous le nom de brise, un vent frais s'élève de la mer et règne sur les rivages pour rétablir l'équilibre de l'air terrestre qui a été fortement dilaté par la chaleur du jour. Au contraire, quand la nuit a rafraîchi la nature, et condensé pour ainsi

dire l'air de la terre, celle-ci s'échauffe aux feux
du soleil levant, et une partie de l'air des rivages
reflue au-dessus de l'océan.

Les mers occupent les $\frac{2}{3}$ de notre univers : leur
profondeur paraît offrir les mêmes inégalités que la
surface des terres. Si l'océan était mis à sec, on
pourrait y découvrir des montagnes et des vallées.
Suivant Malte-Brun, sa plus grande profondeur est
en équilibre avec les hautes montagnes du globe.
La mer des tropiques est phosphorescente, c'est-à-
dire qu'elle projette une lueur brillante, et lorsque
l'obscurité arrive, chaque flot étincelle sous une
quantité d'animalcules doués de cette propriété lumineuse. C'est surtout dans le calme et pendant
les grandes chaleurs que ces phénomènes sont
sensibles.

Il paraît que l'agitation des eaux n'existe qu'à la
superficie, et que les plus fortes tempêtes ne peuvent troubler les ondes au-dessous de 80 pieds.

Les pôles sont occupés par d'immenses plaines de
glaces qui sont plus étendues dans l'hémisphère du
sud que dans le nôtre d'environ 10 degrés. En
approchant de ces régions désolées, pendant les
longs jours de l'été, le navigateur découvre des
montagnes et de grands bancs de glace qui flottent
sur le sein des mers suivant la direction des vents
et des courants. Ces courants sont quelquefois extrê-

mement violents et très-dangereux pour les navires; d'autres fois, ils sont réguliers.

Un des plus beaux spectacles que présentent ces masses d'eau agitées diversement, c'est celui qui a lieu à l'embouchure de la rivière des Amazones, entre les flots de l'océan et ceux de ce vaste fleuve. Le lendemain de la pleine lune et de la nouvelle, la marée forme un volume d'eau de 280 pieds de hauteur ; les rivages retentissent de son fracas effroyable ; des masses de rochers sont entraînés comme de légers cailloux, et le navigateur s'éloigne saisi d'épouvante (1).

La croûte solide du globe n'offre guère, à ce qu'on prétend, qu'une profondeur de vingt lieues, l'intérieur de la terre étant occupé par le feu central et par des matières en fusion. Cette croûte solide se compose de bancs et de couches qui offrent plus ou moins de régularité dans leur structure. Leur étude constitue la science de la géologie.

On appelle terrains granitiques ceux qui forment la masse des plus hautes montagnes ; ce sont ordinairement des rochers très-durs, sortis des entrailles de la terre par voie de soulèvement.

Les terrains houilliers sont ceux qui contiennent beaucoup de mines : les vastes amas de charbon de terre qu'on y rencontre sont dûs probablement

(1) Malte-Brun, Géographie.

à des forêts entières qui furent enfouies à l'époque des grands cataclysmes de l'univers.

Les terrains diluviens semblent devoir leur origine à de grandes inondations qui ont entraîné avec elles les débris de différentes roches et les animaux qui couvraient le globe, dont la race a disparu. Ce qui distingue ces couches de celles qui sont plus modernes, c'est qu'elles s'étendent sur des lieux trop élevés pour que les cours d'eau actuels aient pu les couvrir.

On appelle terrain moderne, celui qui s'est constitué par l'agglomération des immenses bancs de polypiers, par la tourbe des marais, le détritus des végétaux : il forme le terreau superficiel ou terre végétale (1).

CHAPITRE X.

De la lune.

Les anciens ne connaissaient d'autre lune que la nôtre ; actuellement on en compte 18 dans notre système planétaire : sept circulent autour de Saturne, six autour d'Uranus, quatre autour de Jupiter et une autour de la terre. Toutes elles tournent une

(1) Malte-Brun, Géographie.

fois sur leur axe dans le temps qu'elles accomplissent leur révolution autour de la planète principale.

Après le soleil, l'astre le plus éclatant pour nous est la lune. Elle a toujours exercé une certaine influence sur l'esprit superstitieux des peuples. Quoique son diamètre apparent soit plus grand que celui du soleil, elle est cependant beaucoup plus petite : c'est sa proximité de la terre qui la fait apparaître avec des dimensions plus considérables. Pendant le jour elle est éclipsée par les rayons éclatants du soleil, mais pendant la nuit, elle brille de la lumière de cet astre qu'elle réfléchit. Son diamètre n'est que de 782 lieues, ou le quart de celui de la terre, de sorte que son volume est 49 fois moindre.

La lune achève sa révolution autour de notre planète en 29 jours 1/2, dans un cercle elliptique qui est tantôt plus rapproché et tantôt plus éloigné de la terre d'environ 4,350 lieues : sa distance moyenne est de 86,000 lieues.

Quand la lune est dans son plus grand éloignement on dit qu'elle est à son *apogée*; elle est au *périgée* lors de sa plus grande proximité.

Les phases de la lune sont le résultat de sa position par rapport au soleil et à la terre ; elles prouvent que c'est un corps opaque, qui reçoit sa lumière de l'astre qui nous éclaire.

La ligne circulaire A, A, A, A, représente les phases apparentes de la lune pour les habitants de la terre, et la ligne circulaire B, B, B, B, les représente en réalité.

La lune est dite nouvelle quand elle est placée entre le soleil et la terre. Alors la partie éclairée de la lune étant tournée vers l'astre lumineux, celle qui est dans l'ombre regarde la terre ; dans cette position la lune est tout-à-fait invisible pour nous, c'est la nouvelle lune C. Quelques jours après, elle s'écarte de la ligne perpendiculaire et nous apparaît sous la forme d'un croissant, tandis que la plus grande partie de son disque est obscur pour la terre D. Chaque jour ce croissant va en s'élargissant, et le premier quartier a lieu vers le septième jour. La lune, poursuivant sa révolution autour de notre planète, se trouve placée exactement le qua-

torzième jour au delà de notre globe et en face
du soleil ; toute la partie éclairée de son disque
regarde la terre. Nous la voyons sous la forme de
pleine lune E ; elle brille pour nous de tout son
éclat. Mais, après quelques jours, sa partie éclairée
ira en décroissant ; le 21e jour, elle atteindra son
second quartier, puis la forme d'un croissant lumineux, et enfin reviendra à la nouvelle lune,
c'est-à-dire, qu'elle sera de nouveau invisible pour
nous, et recommencera encore ses phases qu'elle
accomplira régulièrement de la même manière
dans l'espace de 28 jours.

Un peu après la nouvelle lune, le croissant paraît après le coucher du soleil à l'horizon occiden-
tal. Après la pleine lune, les cornes du croissant
sont tournées à l'opposite.

On dit que la lune est dans les *syzygies* quand
elle est nouvelle ou pleine ; et dans les *quadratures*
quand elle est dans le premier et dans le dernier
quartier.

Comme cet astre nous montre toujours la même
face, il ne fait qu'une rotation sur son axe pendant
qu'il tourne autour de la terre. Ainsi, pendant le
mois lunaire, les habitants de la lune n'ont qu'un
jour et qu'une nuit. Cependant ce désagrément
d'une longue nuit est bien contrebalancé par la lumière brillante que notre planète leur envoie. Car
la terre offre exactement à la lune les mêmes phases

que cette dernière nous présente, avec la différence toutefois, que la terre montre une surface
treize fois plus grande et donne treize fois plus de
clarté. Certainement si les habitants de la lune ont
de bons yeux ou des télescopes, ils doivent apercevoir nos mers et nos forêts comme autant de taches
bien marquées.

A l'aide d'un puissant instrument, on voit
dans la lune des points lumineux, derrière lesquels
des ombres se projettent en sens inverse de la lumière du soleil ; on croit que ce sont des montagnes plus hautes encore que celles de la terre ;
quelques-unes sont volcaniques.

Les expériences faites sur la lumière de la lune
concentrée à de forts foyers, n'ont jamais indiqué
de chaleur ; on regarde généralement la lumière
de cet astre comme 3000,000 fois plus faible que
celle du soleil.

Les gens des campagnes accordent une grande
influence à la lune, à celle surtout qu'on désigne
sous le nom de *Rousse*. C'est elle, dit-on, qui cause
de fâcheuses perturbations dans la température ;
mais en vérité, elle est bien innocente de cette ac-
cusation.

La lune *rousse* arrive en avril et en mai, c'est-à-
dire à l'époque où de chaudes journées hâtent la
végétation ; mais aussi où souvent les nuits subite-
ment refroidies viennent geler les bourgeons trop

tôt épanouis. Un léger abri, de la paille, des feuilles sèches, auraient pu préserver les fruits dans leur tendre fleur.

Quant à savoir si le changement de lune amène une variation dans le temps, la raison répond qu'elle n'exerce aucune influence ni bonne ni mauvaise ; mais la routine et la plupart des cultivateurs croient sérieusement à cette tradition.

Les expériences faites sur une longue échelle prouvent que les changements de temps ne sont pas plus fréquents aux différents quartiers qu'à toute autre époque. Ce qui sans doute a propagé cette idée populaire, c'est le défaut d'observations impartiales. On a tenu compte des faits qui fortifiaient cette croyance, mais on a laissé passer inaperçus ceux qui n'ont apporté aucun dérangement dans la température.

On attribue aussi à la lune la projection des aérolithes.

Les aérolithes sont des météores ignés ou des globes de feu qui, traversant l'atmosphère avec une vitesse extrême, éclatent avec bruit et dispersent leurs fragments au loin. La matière de ces corps est toujours identique ; elle diffère de celle qui constitue les substances de notre globe par voie d'agrégation. On y trouve du silice de fer, du soufre, du manganèse, du nikel et du chrôme. Il en est tombé fréquemment ; les plus connus de ces corps, furent recueillis à Alais en Languedoc, en Alsace, à Laigle en Normandie, en Allemagne etc. Il en existe dont le poids est de plusieurs quintaux. Pallas en décrit un tombé en Sibérie, qui pesait 700 kilogrammes ; celui qui fut observé par M. de Humbold dans la nouvelle Biscaye paraît peser 20,000 kilogrammes.

Quand même ces aérolithes ne seraient pas incandescents, la rapidité de leur marche à travers l'air doit occasionner un tel degré de chaleur, qu'ils doivent s'enflammer et se volatiliser.

En effet, les corps dans notre gravitation parcourent 16 pieds pendant la première seconde de leur chute, trois fois 16 pieds dans la deuxième seconde, 5 fois 16 pieds dans la troisième, et toujours en suivant la même progression. Or, il y a bien des pieds dans les dix-sept lieues d'air qui composent notre atmosphère.

Ces pierres tombées du ciel ont donné lieu à trois systèmes différents.

1° Certains physiciens admettent qu'elles se sont formées dans l'air comme la neige, la grêle. Cette opinion n'est pas soutenable, parce que l'air, aussi haut qu'on a pu s'élever, est toujours composé des mêmes éléments chimiques ; et si l'on suppose que les principes de ces aérolithes subsistent dans les plus hautes régions de l'atmosphère, il est absurde de penser qu'ils ont pu s'agglomérer en masse pesant des quintaux. Dès le moment de leur agrégation, ils seraient tombés sur le sol par leur propre pesanteur, et dès qu'il y aurait eu plusieurs parcelles de réunies.

2° Le second système les regarde comme des fragments de planètes ; il est plus probable que le précédent, mais on lui objecte la constitution toujours identique de ces corps, et les proportions semblables des substances qui les forment. L'observation des roches de la terre dément ce mode de formation.

3° La troisième hypothèse suppose que ce sont des corps lancés par les volcans de la lune ; la composition chimique des aérolithes trouve ici une explication très-naturelle. Toute la question consiste à savoir si la lune à des volcans (jusqu'ici on les suppose), et si ces volcans peuvent avoir la force de lancer ces corps dans notre atmosphère terrestre, en leur faisant abandonner celle de la lune qui ne doit pas être fort étendue.

On a calculé qu'un corps projeté avec cinq fois plus de force qu'un boulet de canon, pourrait quitter l'attraction lunaire et arriver sur notre planète. Les volcans de la terre peuvent donner cette puissance, et ceux de Sumatra et de Bornéo ont une énergie bien supérieure.

Par conséquent il est assez raisonnable de penser que les aréolithes peuvent nous être envoyés par des volcans lunaires.

Le phénomène des marées se rattache à la lune. Newton et Kepler ont prouvé que les marées doivent leur existence à l'attraction exercée par cet astre sur les eaux de la mer.

L'Océan jouit de la plus grande mobilité, et cède à de légères influences. Si la lune exerçait sa pression uniforme sur toute la surface de la mer, l'équilibre de toutes les parties serait maintenu, mais c'est parce que sa pression est inégale que les marées ont lieu.

Les eaux de la mer, attirées par la lune, s'enflent, s'élèvent lorsque la planète parvient au méridien supérieur ou inférieur, elles s'abaissent quand elle passe dans une position intermédiaire.

Voici les circonstances des phénomènes des marées. La mer coule pendant 6 heures du sud au nord en s'enflant par degrés ; elle reste à peu près stationnaire pendant un quart d'heure, et pendant six autres heures, elle se retire du nord au sud. Après un second repos, elle recommence à couler comme précédemment. Ainsi dans l'espace de douze heures, on observe le flux et le reflux. Les marées ont lieu pour nous et pour nos antipodes en même temps, parce que l'influence de l'attraction se communique partout sur les mers, qui, tendant à s'élever au-dessus de leur niveau, refluent alors sur les rivages.

Le soleil exerce aussi un effet notable sur les marées : il les augmente ou les diminue, selon qu'il agit d'accord ou en opposition avec la lune. Mais, comme la distance du soleil à la terre est 400 fois plus grande que celle de la lune, il en résulte que sa force est bien diminuée, et que son influence est 2 fois 1/2 plus faible. Dans la nouvelle et dans la pleine lune, les deux astres se trouvent dans le même méridien et nous avons les hautes marées. Dans les autres positions, les marées sont moindres, parce que l'influence des deux astres se combat.

Ni la mer Caspienne, ni la mer Méditerranée, ni la Baltique n'éprouvent les effets des marées, parce que l'étendue de ces mers n'est pas assez considérable, ou bien si le phénomène s'y exerce, il y est à peine sensible. C'est sur la côte de l'Amérique voisine des Antilles que les marées se font sentir avec le plus de force ; là, les vents et les courants accumulent tellement les flots, que le niveau de la mer du Mexique, à Panama, est élevé de plus de 14 pieds au-dessus de l'Océan Pacifique, qui n'est guères à plus de 30 lieues de distance.

La marée n'a pas lieu à l'instant où la lune passe au méridien, mais c'est ordinairement six heures après, et quelquefois il s'écoule un temps beaucoup plus considérable. Cet effet tient aux circonstances locales. La forme des rivages, les îles, le frottement du fond de la mer, les courants, les détroits, les vents et beaucoup d'autres causes concourent à retarder ou à gêner les oscillations des flots. Ce retard n'a pas lieu en pleine mer ; mais, comme les circonstances qui le produisent dans chaque port, sont constantes, le retard est aussi constant, et une fois qu'il est observé, il est facile d'en tenir compte pour savoir exactement le moment du flux. La marée arrive à Saint-Malo six heures après le passage de la lune au méridien, au Hâvre 9 heures après, à Boulogne 11 heures, à Dunkerque et dans la Tamise 12 heures. Le flot parcourt environ vingt lieues par heure sur nos côtes.

Le bord des rivages peut se comparer assez exactement à un long canal aboutissant à la mer, et dans lequel le flux s'avance successivement.

Les hautes marées ont souvent causé sur nos côtes de tristes accidents, qui ne seraient pas survenus, si l'on en avait été averti d'avance. Chaque année le Bureau des longitudes en publie le tableau, et prévient ainsi les populations des côtes de se mettre en garde contre ces grands phénomènes.

Chaque jour la marée est en retard de trois quarts d'heure sur celle de la veille, parce que la lune est 24 heures 50 minutes environ avant de revenir sur le même méridien.

CHAPITRE XI.

Des Eclipses.

Les éclipses ont toujours occasionné beaucoup de frayeur chez les peuples anciens, qui les regardaient comme l'annonce de grandes calamités, malgré les explications des hommes instruits; aujourd'hui ces phénomènes ne sont plus qu'un objet de simple curiosité.

La terre est un corps opaque et rond, le soleil n'en peut éclairer que la moitié à la fois, d'où il suit qu'elle projette une ombre à l'opposé du soleil. Comme la terre est beaucoup plus petite que l'astre éclairant, l'ombre prend la forme d'un cône de 300,000 lieues, et s'étend sur la lune qui n'est éloignée de la terre que de 80,000 lieues. Donc, toutes les fois que la terre viendra se placer entre le soleil et la lune, cette dernière sera éclipsée, c'est-à-dire qu'elle disparaîtra à nos yeux, cachée par l'ombre de la terre. L'éclipse sera totale si la lune est voilée en entier, et partielle, si elle ne l'est qu'en partie.

Les éclipses de lune sont visibles pour tous les

peuples qui ont la lune au-dessus de l'horizon ; mais le temps où l'on aperçoit le phénomène varie suivant la longitnde du lieu.

Quand la lune est tout-à-fait plongée dans l'ombre, elle ne disparaît pas totalement à nos yeux, mais on peut apercevoir obscurément son disque. Cela provient de ce qu'elle reçoit encore quelques rayons lumineux qui lui arrivent de la terre par la réfraction, surtout quand le temps est beau. Les plus longues éclipses totales de lune ne dépassent guère deux heures ; mais avec toutes leurs phases, elles peuvent se prolonger au-delà de 4 heures.

Elles sont beaucoup plus fréquentes que celles du soleil, parce que la terre qui projette son ombre sur la lune est beaucoup plus volumineuse que cette dernière.

Au contraire, la lune qui nous donne l'éclipse de soleil étant beaucoup plus petite que la terre, son ombre ne couvre qu'une superficie assez restreinte de notre globe.

On voit par le temps employé par la lune pour traverser l'ombre de la terre, qu'elle serait totalement éclipsée, lors même qu'elle serait 49 fois plus grosse. Cette circonstance a permis d'établir que la lune est 49 fois plus petite que la terre.

Eclipse de Soleil.

L'éclipse de soleil a lieu toutes les fois que la lune passant entre le soleil et la terre, nous cache le premier de ces astres.

Comme la lune est petite relativement à notre planète, une faible portion de la terre aperçoit l'éclipse, c'est celle qui se trouve seulement dans le cône d'ombre envoyé par la lune. Aussi une éclipse de soleil visible pour un pays, est souvent invisible pour un autre assez rapproché.

Toutes les éclipses de soleil commencent par l'occident et se dirigent vers l'orient, comme la marche de la lune.

L'éclipse est partielle quand la lune ne cache qu'une partie du disque du soleil; elle est totale, quand elle le couvre tout entier; elle est annulaire, lorsque l'astre, masqué par la lune, la déborde sous la forme d'un anneau lumineux.

Une éclipse totale de soleil ne peut avoir lieu que lorsque le soleil est à son apogée et la lune dans son périgée : en d'autres termes, quand la lune est le plus près de la terre, et le soleil le plus éloigné. Il arrive alors que le diamètre apparent de la lune surpasse celui du soleil, et quand les deux astres se trouvent sur le prolongement de la même ligne que la terre, il y a éclipse totale ou annulaire du soleil.

Le diamètre apparent de la lune quand il est à son *maximum*, n'excède le diamètre *minimum* du soleil que de 1', 38". Aussi les plus longues éclipses totales de soleil ne peuvent durer que trois minutes et demie, mais elles présentent un phénomène effrayant. D'abord l'obscurité se répand graduellement sur les pays qui doivent voir l'éclipse. Le ciel et la terre prennent une teinte livide, mélangée de bleu et de noir ; les ténèbres épaisses avancent vite, en faisant l'effet d'un manteau noir qui s'étend sur l'horizon. Quelques rayons sillonnent les nues çà et là, mais la terre est absolument noire. Les animaux effrayés donnent des signes non équivoques de terreur. Le nuage obscur disparaît graduellement d'un lieu pour s'étendre sur le terrain environnant, et le paysage sort de son obscurité, non par une lumière graduée, mais brusquement et tout-à-coup. Le regard peut parfaitement suivre l'ombre qui s'avance ou qui se retire des terres.

Ces éclipses sont fort rares : il y en eut une visible dans le midi de la France, le 8 juillet 1842 ; et une autre dans le nord de l'Allemagne en 1851. Sur toute la surface de la terre, il y eut douze éclipses totales de soleil dans le 19e siècle.

En dehors de l'ombre projetée par un astre à

l'opposé du soleil, on distingue encore le pénombre, demi obscurité qui s'étend au-delà du cône d'ombre lui-même.

Les mêmes éclipses reparaissent généralement au bout de 223 lunaisons ou de 18 années.

Puisque la lune tourne autour de la terre dans l'espace d'un mois, chaque mois devrait présenter une éclipse de soleil et une autre de lune. Mais le mouvement de la lune ne se fait pas exactement dans le plan de l'écliptique de la terre. Il y a dans la marche de ces deux astres des irrégularités qui empêchent que les passages ne se coupent exactement aux nœuds, ou points d'intersection de la terre et de la lune. Cette dernière passe souvent à droite ou à gauche de ces points, et l'éclipse n'a plus lieu.

Il arrive très-fréquemment des éclipses dans les satellites de Jupiter et de Saturne. Les astronomes les connaissent parfaitement; on en a dressé une table à l'usage de la marine, afin de pouvoir par leur moyen déterminer la longitude d'un lieu.

CHAPITRE XII.

Des Comètes.

Dans tous les temps les comètes ont été un objet de terreur pour le vulgaire ignorant. En 1773, un mémoire de l'astronome Lalande répandit l'effroi dans le monde, mais depuis la fameuse comète de 1811, qui n'eut d'autre résultat qu'une année d'abondance extraordinaire, le peuple s'est réconcilié avec ces astres vagabonds.

Les comètes sont des corps soumis comme les planètes à l'attraction du soleil ; mais au lieu d'accomplir leur révolution autour de cet astre dans une sorte de cercle, elles décrivent des ellipses extrêmement allongées, qui paraissent indéfinies pour quelques unes. Ainsi celle qui fut observée en 1682, et qui reparut en 1832, s'éloigne du soleil trente-cinq fois plus que la terre, et s'en rapproche ensuite deux fois davantage.

Les comètes coupent l'écliptique dans tous les sens et avec des vitesses différentes ; une traînée lumineuse les accompagne le plus ordinairement, elle porte le nom de queue ou de chevelure.

Quelques astronomes veulent que les comètes soient de véritables astres planétaires, entourés

8

d'une atmosphère gazeuse : d'autres prétendent que
ce ne sont que des amas de substances vaporeuses.
M. Biot explique leur queue par l'effet de la vapo-
risation produite par une chaleur excessive.

Ces astres, suivant lui, seraient formés de matières susceptibles de se condenser et de se vaporiser
également. La comète de 1680 se trouva à son périhélie 166 fois plus près du soleil que la terre ; elle
éprouva une chaleur 27,556 fois plus forte que celle
que ressent notre planète, et s'échauffa de telle
sorte, que toutes ses particules durent se transformer
en gaz. Si les comètes étaient de simples amas de
vapeur, à une température aussi élevée, elles se dis-
siperaient pour toujours dans l'espace.

La plupart des comètes ressemblent à des corps
solides environnés d'une traînée lumineuse qui
souvent occupe plusieurs millions de lieues, et varie de forme et d'éclat en peu de jours, depuis un
simple rayon brillant jusqu'à l'apparence d'un
éventail. Il existe cependant des comètes privées de
cette sorte de queue ou chevelure.

Toutes semblent obéir aux même lois. On peut
reconnaître le temps de leur révolution, prédire
leur retour, à moins que la trop grande irrégularité
de leur parabole ne les dérobe à nos investiga-
tions.

Certains astronomes pensent que dans leur course
vagabonde, les comètes peuvent s'approcher assez

d'une planète considérable, au point d'être forcées
de circuler autour d'elle.

Ce fait paraît peu probable, si l'on considère
l'ordre et l'harmonie qui règnent dans tout l'univers. On va même jusqu'à supposer la possibilité
du choc d'un de ces astres avec notre terre. Quoique les comètes se meuvent dans toutes les direc-
tions, qu'elles puissent subir des déviations occa-
sionées par l'attraction des grosses planètes, cette
hypothèse est très hasardée ; tout calcul fait, on
a trouvé qu'il y a une chance en faveur du choc,
et 281,000,000 contre cet effet terrible, qui oc-
casionnerait la destruction de la plus grande partie de notre globe.

La distance des comètes à la terre est très-varia-
ble ainsi que la vitesse de leur marche. Il en est
dont le mouvement est fort lent, d'autres qui parcourent jusqu'à vingt millions de lieues par jour.
Celle qui s'approcha le plus de la terre parut en
1770, elle ne causa aucune perturbation. Leur
influence sur les saisons est nulle ; en effet, les comètes les plus éclatantes n'approchent pas de la lumière de la lune, et celle-ci ne donne aucune chaleur. Les remarques faites depuis cent ans démontrent que la température n'a pas changé dans les
années fécondes en comètes. Il est même contesta-
ble qu'elles déterminent une légère élévation des
marées.

Comme les observations pour calculer le retour des comètes reposent sur un très-petit arc de leur orbite, et que le temps durant lequel elles sont visibles varie beaucoup, les résultats sont rarement susceptibles d'exactitude. Quelquefois on les voit pendant plusieurs mois, d'autrefois pendant plusieurs nuits seulement.

On compte 125 comètes dont la parabole a été calculée ; mais le nombre de celles dont le retour périodique est constaté est fort petit. On ne connaît guère que les suivantes :

La comète de 1811, tourne autour du soleil en 3,000 ans, à ce qu'on croit.

Celle dont la période fut calculée par Newton accomplit sa rotation en 575 ans. Elle a dû passer très-près de la terre au temps du déluge, elle reparut à la mort de Jules César, et reviendra l'an 2,254.

La comète de Halley revient tous les 76 ans. Elle fut visible en 1835, suivant la prédiction qui en fut faite.

La comète de Biéla découverte par l'astronome de ce nom, en 1826, met 6 ans et 9 mois à accomplir sa révolution. En 1832, elle passa exactement un mois après la terre au même point de l'espace. En 1846, elle s'est séparée en deux astres, et ce même phénomène reparut en 1852.

Celle de Henke reparaît tous les trois ans et 1|2.

M. Faye découvrit à Paris, en 1843, un autre de ces astres qui achève sa révolution en 7 ans et trois mois.

Une autre comète apparut en 1843, au mois de mars. Sa queue avait 60 millions de lieues. Sa révolution est évaluée à 117 ans.

Enfin on en découvrit une nouvelle à Berlin, en 1839, et une autre à Rome, en 1844.

CHAPITRE XIII.

Du calendrier.

On appelle calendrier un tableau qui indique la division du temps en jours, semaines, mois, saisons, de manière à ce que cette division concorde avec l'année solaire.

La révolution de la terre autour du soleil s'opère en 365 jours, 5 heures, 48', 48''; si l'on négligeait ce quart de jour, au bout de 4 ans, il y aurait une différence d'un jour avec le soleil; et plus de trois mois sur une période de 400 ans, c'est-à-dire que l'ordre des saisons serait complétement interverti.

Bientôt l'hiver arriverait dans le temps de l'été; les travaux de l'agriculture et l'ordre civil n'auraient plus rien pour se régler.

Cet embarras fut senti dès l'antiquité, et plusieurs fois l'on tenta d'y porter remède.

Les Turcs et les Arabes comptent leur année par douze lunaisons; elle ne renferme que 354 jours; mais l'avantage de compter les jours par le soleil est trop évident pour qu'on ait recours à la lune.

Chez les Perses et chez les Egyptiens l'année était de 365 jours; tous les quatre ans, elle retardait d'un jour sur l'année solaire : elle se composait de douze mois de trente jours chacun, et au bout de l'année on ajoutait cinq jours supplémentaires. C'est ce calendrier qui servit de modèle à celui de la république française.

Les Grecs eurent beaucoup d'incertitude pour régler leur année, jusqu'à ce que Méton eut découvert que tous les dix-neuf ans les mois, les jours et les années concordent avec les retours du soleil et de la lune aux mêmes points. Sa découverte parut si importante aux Grecs, qu'elle fut approuvée par acclamations aux jeux olympiques, et gravée en lettres d'or, d'où lui vient ce nom sous lequel elle figure dans nos calendriers. Mais le calcul de Méton n'est pas d'une exactitude rigoureuse; et au bout de 76 ans, il était en différence d'un jour sur le cours de lune. On corrigea cette erreur, en retranchant ce jour tous les quatre cycles, c'est-à-dire, au bout de 76 ans.

Jules-César réforma le calendrier romain, 45

ans avant Jésus-Christ. A cet effet, il manda à Rome le savant astronome égyptien Sosigène.

Par son ordre, l'année civile fut composée de 365 jours ; il négligea la fraction des 5 heures, 48', 48'' ; mais il ajouta un jour de supplément tous les quatre ans, et appela cette quatrième année bissextile. Les douze mois furent de trente et de trente-un jours, excepté celui de février qui n'en comptait que 28 dans les années ordinaires, et 29 dans les années bissextiles.

L'année ainsi déterminée s'appela l'année Julienne ; mais elle n'était pas encore exacte, parce que Jules-César avait opéré sur la fraction d'un quart de jours. Or, ce chiffre était trop considérable d'environ 12 minutes, puisque l'année exacte compte 365 jours, 5 heures, 48 minutes, 48 secondes, erreur qui montait à un jour en 12 ans.

Le Pape Grégoire XIII rectifia cette inexactitude en 1582. Il prescrivit à toute la chrétienté de supprimer 10 jours, et de prendre la date du 15 octobre, lorsqu'on serait au 5 du même mois, afin d'annuler la différence des dix jours qui existaient alors entre la marche du soleil et le quantième de l'année.

Pour prévenir le retour de semblables inconvénients, Grégoire décida que tous les quatre siècles, on retrancherait trois jours bissextiles.

L'erreur ainsi corrigée est si peu de chose, qu'on

peut la négliger pendant plusieurs milliers d'années.

Le calendrier est fixé de cette manière : douze mois, dont sept ont 31 jours, ce sont : janvier, mars, mai, juillet, août, octobre et décembre : avril, juin, septembre et novembre ont 30 jours, et février n'en a que 28, mais il en compte 29 dans les années bissextiles.

Les trois années dont un jour fut retranché en quatre siècles sont celles de 1700, 1800 et 1900.

Tel est le calendrier grégorien suivi dans presque toute la chrétienté. Les Anglais l'adoptèrent en 1752. Il n'existe en Europe que les Russes et les Grecs qui ont conservé le calendrier julien, aussi leur année est en retard sur la nôtre de douze jours ; et leur manière de compter les dates s'appelle *vieux style*, par opposition à la nôtre connue sous le nom de nouveau style.

Le calendrier de l'Eglise qui fixe l'époque des solennités est très-compliqué.

La date de toutes les fêtes mobiles est réglée par celle de Pâques qui arrive le premier dimanche après la pleine lune qui suit le 20 mars.

On entend par cycle lunaire ou nombre d'or, une période de 19 ans après lesquels la terre, la lune et le soleil se retrouvent dans les mêmes positions. Pour connaître le nombre d'or d'une année, il faut compter dans le premier cycle l'année

qui précède notre ère. On ajoute donc 1 au millésime recherché, et l'on divise la somme par 19.
Le quotient indique le nombre des périodes de 19
ans écoulés, le reste est le nombre d'or. C'est 14
pour 1856.

Le cycle solaire comprend une période de 28
ans, après laquelle les lettres Dominicales recom-
mencent dans le même ordre. Cette lettre sur les
calendriers, indique le jour du dimanche; c'est A
toutes les fois que le premier jour de l'année tombe
ce jour là. Le cycle solaire a commencé l'an 9
avant Jésus-Christ. Ainsi pour trouver quelle est
la date du cycle d'une année quelconque, il suffit
d'ajouter 9 à son millésime, et de diviser la somme
par 28, le reste est le nombre recherché. Soit par
exemple l'année 1856+9=1865. Ce dernier nombre divisé par 28 donne au quotient 66, quantité
de cycles déjà écoulés, le reste est 17. Ainsi 1856
est la 17me année du 67e cycle.

Puisque ce n'est qu'après 19 ans que le soleil et
la lune se retrouvent à leur même point de départ;
il existe toujours une différence, un intervalle dans
le cours de ces deux astres. C'est l'indication de
cette différence qu'on appelle l'épacte.

CHAPITRE XIV.

Cadrans solaires.

« La révolution diurne apparente du soleil et
» son retour au même méridien après 24 heures
» servent de base à la gnomonique, art de con-
» struire les cadrans solaires.

» Ce sont des instruments qui indiquent l'instant
» où le soleil passe au méridien, et par conséquent
» le midi vrai. Pour avoir l'heure moyenne, il est
» donc nécessaire de leur appliquer la correction
» de l'équation du temps (1). » Cette correction
est indiquée à l'avance pour chaque jour dans l'an-
nuaire du bureau des longitudes, et sert à régler
les horloges publiques.

Comme de sa nature le cadran solaire est immobile, il ne donne qu'approximativement l'heure
vraie du soleil. Aussi, les erreurs sont inévitables,
car les écarts de deux soleils sont variables d'un jour
à l'autre. Mais l'heure de midi sera toujours exacte,
ainsi que celles qui en sont rapprochées ; quant
aux autres, les différences seront plus ou moins

(1) Bailly. Résumé d'Astronomie.

sensibles; les plus fortes peuvent aller à 24' dans le temps des équinoxes.

Il y a trois sortes de cadrans solaires : l'équatorial, l'horizontal et le vertical. Les deux premiers sont les plus connus.

Le cadran équatorial ou équinoxial est construit sur le principe que la surface de la terre parcourue par le soleil est partagée en 24 parties distantes chacune de 15 degrés. Le soleil traverse successivement les plans prolongés de ces 24 parties, et revient à midi vrai à son méridien de départ de la veille. La ligne qui marque le chiffre 12 doit être dans le méridien du lieu, et la tige de fer formant l'ombre, parallèle à l'axe du monde.

« Le cadran horizontal est le plus facile à pla-
» cer. Il suffit de le mettre bien horizontalement,
» à l'aide d'un niveau ou d'un fil à plomb, et de l'o-
» rienter sur la ligne du méridien ; ce qu'on peut
» faire aisément en le dirigeant vers la polaire ; les
» lignes des heures y varient en raison de la lati-
» tude du lieu (1).

Les cadrans verticaux tels que ceux que l'on trouve sur les murs des édifices, exigent un calcul assez compliqué, puisque dans ce calcul entrent comme éléments variables, non-seulement la latitude d'un lieu, mais l'angle que le plan donné fait

(1) Bailly. Résumé d'Astronomie.

avec le méridien. Le tracé serait encore plus compliqué, si le plan du cadran était incliné d'une manière quelconque à l'horizon.

CHAPITRE XV.

Problèmes à résoudre à l'aide d'un globe terrestre.

1° Trouver la longitude et la latitude d'un lieu déterminé.

Il faut avoir soin de placer la sphère perpendiculairement, c'est-à-dire de manière à ce que l'équateur soit dans tout son pourtour confondu avec l'horizon du globe. Ensuite on tourne le globe sur son axe jusqu'à ce que le lieu recherché soit mis dans le méridien fixe du globe terrestre. Alors le nombre des degrés comptés depuis l'équateur jusqu'au point du méridien correspondant à ce lieu marquera la latitude, et le degré de l'équateur qui se trouve sous ce méridien sera la longitude de ce lieu. L'équateur ou ligne équinoxiale a tous les degrés marqués sur son cercle.

2° La longitude et la latitude d'un lieu étant données, trouver sa position sur le globe ?

On amène sous le méridien le point de l'équa-

teur qui correspond à la longitude de ce lieu ; puis
on cherche sur le même méridien le degré qui correspond à la latitude donnée. Le point du globe si-
tué à cet endroit est la position recherchée. Il faut
faire attention si la latitude est méridionale ou septentrionale.

3° Mesurer sur le globe la distance entre deux
lieux donnés.

Prenez leur distance avec un compas, et appli-
quant l'écartement des deux branches sur les degrés gravés sur l'équateur, comptez les degrés con-
tenus entre les deux pointes de votre compas. Mul-
tipliez le nombre de degrés par 25 lieues et vous
aurez le résultat que vous cherchez. Mais cette distance sera évaluée en ligne directe, sans tenir
compte des contours ou des sinuosités de la route.

4° Monter le globe horizontalement pour un pays
quelconque.

La latitude d'un lieu est toujours égale à la hauteur du pôle au-dessus de ce lieu. Résoudre la question proposée, c'est faire en sorte que l'horizon du
globe devienne l'horizon de ce lieu, ou que le pays
indiqué soit à égale distance de tous les points de
l'horizon du globe. Pour cela, je cherche sur une
carte la latitude de Lyon, par exemple. Je la
trouve être de 45°, 46'. J'élève le globe d'autant
sur l'horizon et je place Lyon sous le grand mé-

9

ridien. Cette ville devient alors également distante de tous les points de l'horizon du globe.

5° Trouver les antipodes d'un lieu.

On entend par antipode d'un pays un autre pays qui lui est diamétralement opposé.

Pour trouver les antipodes d'un lieu, on peut mettre ce lieu sous le méridien, et faire que ce lieu devienne l'horizon du globe (n° 4), c'est-à-dire, l'élever sur la sphère d'autant de degrés qu'il en compte à sa latitude. Ensuite on compte autant de degrés sur la ligne du méridien dans l'hémisphère opposé. Ainsi les antipodes de Paris seront prés de la nouvelle Zélande; celles de Lima sont dans le royaume de Camboje, dans l'Indo-Chine. On peut encore plus simplement placer Lima sous le méridien, et compter 180° sur ce grand cercle, c'est juste la moitié de la circonférence du globe. Il n'y a plus qu'à compter 12 degrés de latitude septentrionale, puisque cette ville en a 12 de latitude méridionale.

6° Trouver l'heure qu'il est à Jérusalem quand il est midi à Lyon?

Ce problème se résout d'après le principe que le soleil fait le tour du globe ou parcourt les 360° en 24 heures; soit 15° en une heure, et 1° en 4 minutes. Il faut amener Lyon sous le méridien, et compter sur l'équateur combien de degrés séparent les deux villes; il y en a 30. Donc quand il sera midi à

Lyon, il sera deux heures de l'après-midi à Jéru-
rusalem, puisque cette dernière ville est à l'orient
de la France et que le soleil parcourt les méridiens
d'orient en occident. De même quand il est midi à
Mexico, il est 7 heures du soir à Lyon, à 105° à
l'occident de la France.

7° Explication de la semaine des trois jeudis.

Supposons deux voyageurs partis le même jour
de Lyon pour faire le tour du monde, l'un se dirigeant toujours à l'orient et l'autre à l'occident.

Quand celui qui s'avance à l'orient sera à 15 degrés de Lyon, il comptera une heure de plus que
les habitants de cette ville, parce qu'en allant au-
devant du soleil, il le verra une heure plus tôt. En
continuant toujours sa route dans la même direction, il gagne une heure autant de fois qu'il parcourt 15 degrés, de sorte qu'après avoir fait le tour
de la terre en 360 degrés, il aura gagné 24 heures.
Ainsi, s'il pense être de retour à Lyon un dimanche,
il y sera rendu un jour de samedi pour les lyon-
nais.

Celui qui aura voyagé constamment vers l'occident aura perdu autant d'heures que son compagnon
en aura gagné, en comptant une heure en moins
pour chaque parcourt de 15 degrés. S'il croit revenir un samedi comme le premier a cru arriver un
dimanche, il verra avec étonnement qu'il a vécu

un jour de moins, ou qu'il a perdu un jour, et qu'il est revenu en réalité un vendredi.

Ainsi pour les habitants de Lyon et pour ces deux voyageurs, il y aura eu trois jeudis différents dans cette même semaine.

CHAPITRE XVI.

Principaux Astronomes

Anciens et modernes.

Nous n'avons pas l'intention de donner une biographie détaillée de tous les astronomes; mais seulement de dire quelques mots sur ceux qui sont le plus connus.

PYTHAGORE fut célèbre dans toute l'antiquité par ses connaissances profondes en philosophie et en mathématiques. Il florissait vers l'an 530 avant Jésus-Christ. Ses idées sur l'univers étaient justes; il admettait le mouvement de la terre autour du soleil et sa rotation sur son axe. Il pensait que la lune est habitée et qu'elle ne brille à nos yeux que parce qu'elle reflète la lumière du soleil.

PYTHÉAS naquit à Marseille 340 ans avant Jésus-Christ. Ce fut un des plus hardis navigateurs des temps anciens. Il pénétra dans la mer Baltique, visita l'Islande, et constata que la durée du jour est de vingt-quatre heures au solstice vers le 66°. C'est lui qui le premier soupçonna le rapport des marées avec la lune. Il découvrit aussi que l'étoile polaire n'était pas exactement placée au pôle. Eratosthènes et Hipparque profitèrent de ses découvertes.

Hipparque naquit à Rhodes 150 ans avant Jésus-Christ. Il fixa avec précision la durée de l'année, et dressa le catalogue des étoiles connues et des éclipses observées de son temps.

Le plus célèbre des astronomes de l'antiquité, Ptolémée d'Alexandrie, vint au monde l'an de Jésus-Christ 141 ; c'est lui qui fonda le système du monde erroné qui représente la terre immobile, tandis que les astres tournent autour d'elle. Il composa néanmoins de précieux ouvrages, les plus importants et les plus complets que nous aient laissés les anciens.

Le premier, Ptolémée avança l'idée de la réfraction de la lumière. Il divisa la terre au moyen de cartes, sur lesquelles toutes les mesures sont évaluées en latitudes et en longitudes du méridien des îles Fortunées. Mais comme sa mesure de la terre était fausse, toutes les autres le furent aussi.

La science s'arrête pendant l'Europe féodale. Les arts et les lettres se réfugient dans le fond des cloîtres. Charlemagne fit ses efforts pour les propager, mais sous le règne de ses faibles successeurs, tout retombe dans le cahos de la barbarie. Il n'y eut que les Arabes d'Espagne qui s'adonnèrent aux études sérieuses ; mais leurs œuvres étaient perdues pour les autres nations chrétiennes, à cause de la différence des mœurs et surtout de la religion.

L'astronomie reparut avec la renaissance des lettres et des arts.

Roger Bacon, moine anglais du 13ᵉ siècle, s'occupa des mouvements des astres et de la réforme du calendrier. C'est lui véritablement qui ressuscita les études astronomiques ; mais son siècle était si ignorant et si superstitieux qu'on le regarda comme sorcier. On trouve dans ses ouvrages des vues nouvelles et ingénieuses sur l'optique et sur la réfraction de la lumière. Il décrivit très-exactement la nature et les effets des verres concaves et des convexes. Il inventa ou perfectionna le télescope, et connaissait la poudre à canon.

Copernic, célèbre astronome, né à Thorn sur la Vistule, eut la gloire le premier de combattre le faux système du monde de Ptolémée ; mais ses œuvres qui renversaient toutes les idées reçues ne parurent qu'après lui. Son système est celui que nous professons aujourd'hui. Le jour même de sa mort, il reçut le premier exemplaire de son ouvrage *De orbium cœlestium revolutionibus*. Il fut heureux de s'éteindre, dit l'auteur de sa vie, avant d'avoir pu entendre le déchaînement et les critiques qu'il souleva,

Le Danois TYCHO-BRACHÉ commença à se faire connaître vers l'an 1570. Il fixa la position de 777 étoiles. Le roi de Danemark, charmé de sa grande réputation, lui accorda l'île et l'observatoire d'Uranienbourg ; c'est là qu'il fit ses plus importantes observations. En 1572, il découvrit une nouvelle étoile dans la constellation de Cassiopée. Il inventa le système qui porte son nom et qui ramène aux idées de Ptolémée. Malgré cette erreur, l'astronomie ne lui est pas moins redevable pour ses observations exactes sur les comètes, et pour ses découvertes sur les théories de la lune. L'empereur Rodolphe profita de ce que Christian IV avait disgracié ce savant homme pour l'attirer à Prague, où Tycho-Brahé mourut en 1601.

KÉPLER est regardé comme le fondateur de l'astronomie moderne. Il naquit en 1571, à Magstatt en Wurtemberg ; son père fut un pauvre aubergiste ruiné. Ce jeune homme se destina à la théologie, et s'occupa des constellations vers 1593.

On peut dire que sa vie toute entière fut employée à lutter contre la mauvaise fortune. Il opéra un changement dans la science en voulant se rendre un compte exact de tout ; et en remplaçant toutes les hypothèses de ses devanciers par des raisons tirées de la physique. Il se persuada qu'il devait

exister des rapports entre les révolutions des astres
et leur distance, et soupçonna le mouvement de rotation du soleil. Les trois grandes propositions, ba-
ses de l'astronomie moderne, sont dues à son génie :
1° les planètes décrivent des ellipses et non des
cercles ; 2° dans le parcours des ellipses les aires
sont proportionnelles aux temps ; 3° les grandeurs
de ces ellipses sont comme les racines cubes des
carrés des temps employés à les décrire.

GASSENDI, né en 1592 près de Digne, avait conçu
un tel attrait pour l'astronomie, qu'à peine âgé de
dix ans, il se levait la nuit pour observer le cours
des astres. Il fit les recherches sur un grand nombre de corps célestes, ou lui doit l'observation du
passage de Mercure sur le disque du soleil.

GALILÉE naquit à Pise en 1564. Il découvrit à
18 ans la théorie du pendule qu'il appliqua plus
tard à la confection des horloges. Les attaques que
ses travaux portaient à la vieille philosophie lui sus-
citèrent de nombreuses persécutions. Il perfectionna le télescope vers l'an 1610, et fit d'immenses découvertes à l'aide de cet instrument. Il
observa les taches du soleil, les montagnes de la
lune, une multitude d'étoiles nouvelles, et pres-
sentit la composition de la voie Lactée. Galilée
fortifia le système de Copernic et prouva que la
terre tourne autour du soleil. Son plus célèbre
ouvrage est intitulé : *Dialogue sur les deux systèmes*

de *Ptolémée et de Copernic*. Il y introduit trois personnages, l'un soutient Ptolémée, le second Copernic, et le troisième pèse les raisons des deux adversaires. Cet ouvrage immortel se distingue par la supériorité des raisons, par la précision et l'élégance du style. Galilée perdit l'usage de la vue à 74 ans et mourut quatre années après, en 1642.

HUYGENS, né à la Haye en 1629, fut un de ceux qui s'illustrèrent le plus dans les sciences sous le règne de Louis XIV. Ses recherches se dirigèrent spécialement sur l'optique. Il découvrit l'anneau de Saturne. En 1673, il rendit service à la société en adaptant aux montres un ressort en spirale, pour régler les oscillations du balancier. Il rechercha les propriétés de la lumière, la cause de la pesanteur, et conclut des expériences du pendule, que la terre est aplatie aux pôles, et renflée à l'équateur. Il perfectionna la machine pneumatique et le baromètre, et mourut à la Haye en 1695.

CASSINI est né près de Nice en 1625. Sa réputation était déjà si répandue qu'à l'âge de 27 ans, on le nomma professeur d'astronomie à Bologne. Colbert l'appela en France comme directeur de l'observatoire de Paris. On doit à Cassini beaucoup de découvertes sur les planètes et sur la théorie du mouvement des satellites. Il observa les rotations de Mars, de Vénus et de Jupiter, fit connaître au monde savant la lumière zodiacale et les quatre satellites de Jupiter. En 1695, il continua la grande méridienne commencée par Picard et Lahire, et la poussa jusqu'à l'extrémité du Roussillon. Il mourut en 1712 âgé de 87 ans.

Isaac Newton, astronome et mathématicien anglais, naquit en 1643. Il s'éleva au dessus de ses contemporains par la grandeur de son génie. Il découvrit que les astres gravitent les uns vers les autres avec une force proportionnelle à leur masse et réciproque au carré de leurs distances. Il publia un traité sur l'optique et différents travaux mathématiques, et mourut à l'âge de 80 ans en 1727.

Halley naquit à Londres en 1656, s'occupa activement des astres, et se rendit à l'île Sainte-Hélène pour étudier les étoiles australes. Il conçut l'heureuse idée de faire servir le passage de Vénus sur le soleil pour déterminer la parallaxe de ce dernier. De retour en Angleterre, il s'occupa des comètes et des variations de l'aiguille aimantée si utile pour la navigation. Il mourut à l'âge de 85 ans.

Lacaille, né à Rumigny (Aisne) en 1713, suivit à Paris les cours d'astronomie de Cassini, et fit de si rapides progrès, qu'il fut jugé digne d'être associé aux travaux de vérification de la méridienne de France. Ses leçons d'astronomie parurent en

1746. Il se rendit au cap de Bonne-Espérance pour vérifier les étoiles australes, et en 127 nuits détermina la position de 10,000 de ces astres, ainsi que les parallaxes de la lune, de Mars et de Vénus. Il trouva des moyens ingénieux pour dispenser les navigateurs des longs calculs qu'exige la recherche des longitudes, et fit à lui seul plus d'observations que tous les astronomes ses contemporains réunis. Il mourut de la goutte en 1762.

Lalande, né à Bourg (Ain) en 1732, professa pendant 46 ans au collège de France. En 1764 il donna la première édition de son grand traité d'astronomie et publia une foule de travaux. C'est lui qui le premier fit connaître le platine. Malheureusement il se laissa pénétrer par les idées philosophiques qui proclamaient l'athéisme et le renversement des saines idées. Sa mort arriva en 1807.

Bailly, né en 1736, publia une foule d'ouvrages savants, embellis par un style gracieux et agréable. Ses talents le conduisirent à la charge de maire de Paris et de président de l'assemblée nationale. Il périt massacré par la populace de 1793.

Herschell naquit à Hanovre en 1738, et se livra tout entier à l'astronomie. Il construisit de prodigieux télescopes, à l'aide desquels il fit de grandes découvertes et surtout celle de la planète Uranus. Georges III voulut l'avoir auprès de lui, et l'établit à Windsor. Herschell reconnut deux nouveaux satellites de Saturne. Après de longues observations, il conclut que la lumière du soleil, n'émane pas du corps même de l'astre, mais de nuages brillants et phosphorescents qui se développent dans son atmosphère. Les observations de cet astronome sur les rayons colorés de la lumière, lui prouvèrent que les rayons rouges contiennent seuls plus de chaleur que tous les autres. Les étoiles l'occupèrent ensuite jusqu'à la fin de sa vie qui arriva en 1822. Il avait 84 ans.

DELAMBRE, né en 1749, à Amiens, apprit sous Lalande les préceptes de l'astronomie. Son travail sur le méridien de Dunkerque à Perpignan décida la question de la figure de la terre. Ses principaux ouvrages sont : les tables de Jupiter, du Soleil, de Saturne, d'Uranus et des satellites du premier de ces astres; méthode analytique pour la détermination d'un arc du méridien, histoire de l'astronomie ancienne et moderne. Delambre mourut en 1822.

François ARAGO naquit à Estangel, près Perpignan, le 26 février 1786. Ses vastes connaissances en physique et en astronomie l'ont placé à la tête des savants les plus distingués de l'Europe. Dès sa jeunesse son goût pour les armes le poussa à l'école polytechnique. En 1806, sa réputation décida le bureau des longitudes à l'envoyer conjointement avec M. Biot, en Espagne, pour déterminer la mesure du méridien de France. Quand la guerre éclata, il fut emprisonné comme espion, et après mille dangers eut le bonheur de revenir dans sa patrie. Peu après, à l'âge de 23 ans, Arago fut nommé professeur à l'École Polytechnique et membre de l'Académie des sciences. Cette société voulut par cette distraction récompenser ses travaux sur l'astronomie, la géodésie, la physique et l'optique. Les recherches de prédilection du jeune savant se portaient sur la réfraction de la lumière; ses grandes découvertes appartiennent aux années 1811, 1820, 1824. En 1830, l'Académie des sciences le nomma son secrétaire perpétuel. L'année suivante, le département des Pyrénées Orientales le choisit au nombre de ses députés. Arago se rendit populaire par l'opposition qu'il fit à la chambre, et par les réformes qu'il voulut introduire dans l'enseignement universitaire.

Lorsque la révolution de 1848 éclata, il fut porté par acclamation au gouvernement provisoire; il s'honora en luttant de toutes ses forces contre les utopies des démocrates qui voulaient renverser la société. Son éloquence était brillante et passionnée; en même temps qu'il reculait pour son siècle les bornes de la science, il avait un merveilleux talent pour communiquer l'instruction à ses auditeurs. Il est mort le 2 octobre 1853.

M. Biot, le collègue et l'ami de François Arago, naquit à Paris en 1774. Au sortir du collège, il

embrassa la carrière des armes, mais il la quitta
bientôt pour s'adonner aux sciences. En 1802, ses
recherches sur l'astronomie et sur les mathématiques lui ouvrirent les portes de l'Institut. En 1806,
il fut nommé pour continuer les travaux de la méridienne de France. En 1807, il entreprit un voyage
aux îles Orcades pour faire des observations astronomiques. Il publia beaucoup d'ouvrages sur les
mathématiques, la physique et l'astronomie.

FIN.

TABLE.

FIN.

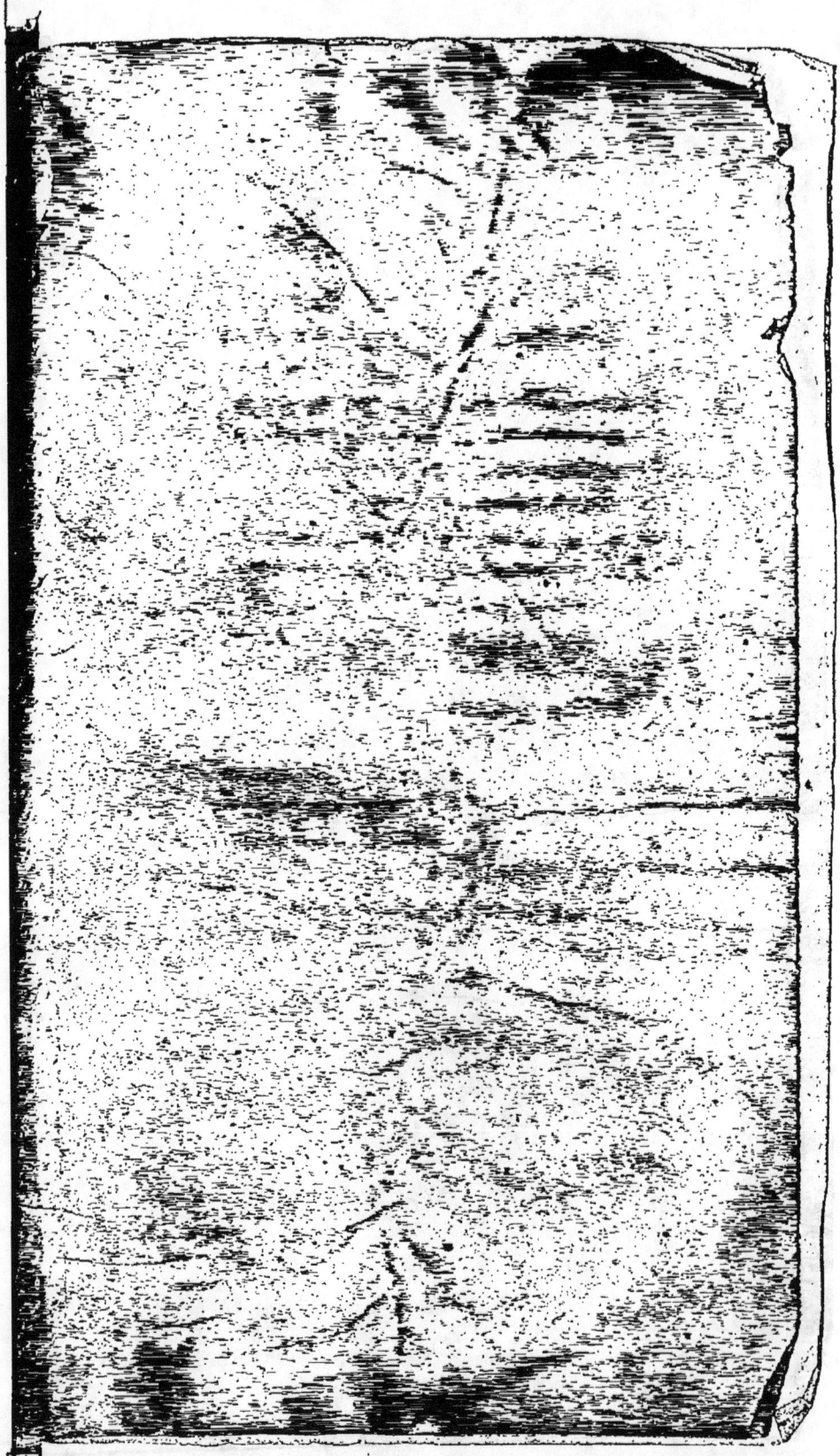